Sandy Taikyu Kuhn Shimu

ANGST beginnt im KOPF MUT auch!

Ein Übungsbuch für mehr **Selbstvertrauen** & **Unabhängigkeit**

Schirner Verlag

ISBN 978-3-8434-1324-4

Sandy Taikyu Kuhn Shimu:
Angst beginnt im Kopf – Mut auch!
Ein Übungsbuch für mehr
Selbstvertrauen & Unabhängigkeit

Umschlag: Simone Fleck, Schirner,
unter Verwendung von # 210187381
(© wow.subtropica), www.shutterstock.com
Layout: Simone Fleck, Schirner
Lektorat: Katja Hiller, Schirner
Printed by: Ren Medien GmbH, Germany

www.schirner.com

1. Auflage September 2017

»Angst klopfte an.
VERTRAUEN öffnete.
Keiner war draußen.«

(Chinesisches Sprichwort)

Gewidmet
allen Menschen,
die auf der Suche nach
innerem Frieden
und wahrer geistiger
Freiheit sind

Inhalt

DAS ENDE der Angst

oder:

Stellen Sie die richtigen FRAGEN

Und plötzlich ist sie da: die Angst! Wie ein geschickter Einbrecher ist sie unbemerkt in Ihr Schlafzimmer geschlichen. Nun türmt sie sich vor Ihnen auf, blickt Ihnen direkt in die Augen, erschreckt und bedroht Sie. Die Angst treibt Sie körperlich und geistig in die Enge. Das Atmen fällt Ihnen schwer, die Beine zittern, Ihr Herz rast, die Stimme versagt, Ihre Gefühle fahren mit Ihnen Achterbahn, und unsinnige Gedanken fluten Ihren Geist. Sie ertrinken im eigenen Sumpf der Emotionen und Empfindungen. Die Angst fordert viel von Ihnen: die Macht und die Kontrolle über Sie, Ihre Gedanken, Ihre Gefühle und Ihre Handlungen. Die Angst will Ihr Leben!

Es gibt unzählige Formen von Angst, z. B. Flugangst, Höhenangst, Angst vor großen Plätzen oder kleinen Räumen, Angst vor dem Versagen oder davor, nicht geliebt zu werden, Angst vor Verantwortung, Prüfungsangst, Angst vor Tieren, vor Krankheiten, vor dem Alleinsein, vor Beziehungen, Trennungsangst, Existenzangst, Angst vor Problemen und finanziellen Nöten, Angst vor dem Leben, vor der Zukunft, vor einer Operation, vor dem Tod und Angst vor der Angst.
Bereits die Angst vor einem möglichen Einbruch hat die Kraft, Ihnen den inneren Frieden, die heitere Gelassenheit und Ihre Zuversicht zu rauben. Schon die Vorstellung, von einem Einbrecher überrascht zu werden, sät in Ihnen Zweifel und mindert Ihr Selbstvertrauen. Schnell macht sich ein Gefühl der Ohnmacht breit, wenn Sie nicht gelernt haben, »STOPP!« zu sagen.

In diesem Ratgeber geht es mir nicht darum, die verschiedenen Ängste zu analysieren und zu kategorisieren. Ich möchte Ihnen ganz konkret zeigen, wie Sie mit Ängsten konstruktiv umgehen und leben können. Sie sollen verstehen, was Ängste sind, und lernen, wie Sie diesen »Einbrecher« furchtlos und selbstbewusst überwältigen. Als Kampfkunstlehrerin weiß ich, wovon ich spreche:

Selbstverteidigung beginnt im Kopf.
Mut auch!

Ich werde mich also vor allem mit der **FRAGE DES WIE** auseinandersetzen. Damit meine ich: Wie gehen Sie ganz konkret mit dem »Einbrecher« um, wenn er vor Ihnen steht? Ich vertrete die radikale Ansicht, dass es nichts nützt, sich mit der Frage des Warum zu beschäftigen. Warum ist der Einbrecher in meiner Wohnung? Dies führte unweigerlich in die Vergangenheit zurück, in eine Zeit, die vorbei ist und auf die Sie keinen Einfluss mehr haben. Der Einbrecher, Ihre Angst, aber ist bereits hier, er steht Ihnen gegenüber! Jetzt, in diesem Moment, spielt es keine Rolle mehr, ob die Alarmanlage defekt ist, Sie einfach vergessen haben, die Haustüre abzuschließen, oder der Einbrecher eine schwere Jugend oder einfach nur Hunger hatte!

Die Auseinandersetzung mit der **FRAGE DES WIE** ist viel bedeutender und wichtiger. Wie gehen Sie jetzt mit der Angst, der Unsicherheit, dem Zweifel, der Hoffnungslosigkeit um? Ihre Empfindungen und Gefühle sind im Moment da, und die Frage des Wie hält Sie in der Gegenwart. Nur im **HIER UND JETZT** können Sie etwas verändern, etwas bewirken – können Einfluss nehmen. Nur in diesem Moment können Sie entscheiden, was Sie denken, wie Sie fühlen, wie und was Sie sprechen und wie Sie handeln möchten.

Nachdem Sie den Einbrecher, also Ihre Angst, besiegt haben, können Sie sich mit der **FRAGE DES WAS** beschäftigen. Was möchten Sie verändern? Welche Maßnahmen wollen Sie ergreifen, damit Sie dieselbe Situation nicht noch einmal erleben? Was können Sie ganz bewusst machen? Welche Möglichkeiten liegen in Ihrer Verantwortung? Als Beispiel könnten Sie die Alarmanlage reparieren, die Haustür abschließen und einen Kurs in Selbstverteidigung besuchen.

Und trotz ausgeklügelter Maßnahmen und gewissenhafter Vorbereitungen ist nicht auszuschließen, dass nicht eines schönen Tages wieder ein Einbrecher vor Ihnen steht. Nun begegnen Sie ihm aber auf Augenhöhe und sagen vielleicht furchtlos: »Hallo, herzlich willkommen! Wieso haben Sie denn nicht geklingelt? Ich hätte Ihnen gern die Türe aufgemacht!«

Ein Patient lag im Krankenhausbett und wartete ganz ungeduldig auf die Visite. Seit Tagen spekulierte auch die Belegschaft schon, was dem Mann wohl fehlte. Endlich lag die Diagnose vor, und der Mann konnte es kaum erwarten und hoffte auf den Besuch des Arztes. Als der Arzt dann am Morgen vor seinem Bett stand, sagte er kurz und bündig: »Moribundus!«, und verließ rasch das Zimmer. Er konnte und wollte sich nicht mit dem Patienten und der Diagnose »unheilbar krank« bzw. »todgeweiht« auseinandersetzen. Denn so schlimm stand es um den Mann.

Der Patient, der kein Latein verstand, aber bedankte sich und lächelte. Er dachte: »Wie wunderbar, endlich wissen die Mediziner, was mir fehlt. Ich habe ›Moribundus‹. Jetzt kann ich mit der Therapie anfangen!« Nach drei Wochen verließ der Mann geheilt das Krankenhaus.

»
Ein Großteil
unseres
Lebens
besteht aus der Sorge
und der Furcht vor Dingen, die
NIE EINTRETEN
werden.
«

Freiheit ist für ALLE DA

Angst ist nur ein Sammelbegriff für viele verschiedene Gefühlsregungen und Empfindungen. Allen gemein ist, dass wir sie als unangenehm und negativ wahrnehmen. Wie jedes andere Gefühl auch ergibt Angst Sinn – sie hat ihre Berechtigung zum richtigen Zeitpunkt, im richtigen Maße und am richtigen Ort. Im Grundsatz ist Angst zu verspüren eine ganz normale Reaktion auf Stress. Sie macht uns auf eine drohende Gefahr aufmerksam, steigert unsere Wahrnehmung und unsere Reaktionsfähigkeit, und sie sicherte bereits unseren Vorfahren das Überleben. In dem Moment also, wo die Angst uns vor einer Dummheit bewahrt, uns warnt, schützt und unsere Flucht- oder Kampfmechanismen in Gang setzt, ist sie ein (überlebens-)wichtiges Gefühl. Dort aber, wo Angst irrationale Züge annimmt, wo sie uns beherrscht, hemmt, einschränkt und handlungsunfähig macht, wird sie zur Belastung.

Das normale, gesunde und positive Gefühl der Angst fordert Sie auf, bewusster hinzuschauen und wahrzunehmen, was tatsächlich gerade im Moment geschieht. Angst hat die Aufgabe, Ihnen zu sagen: »Pass auf! Sieh genau hin! Mach dich bereit!« Im besten Fall werden Sie instinktiv das Richtige tun, d. h., Sie handeln voller Vertrauen, weise und mitfühlend und der Situation angemessen.
Wenn sich aber ein Angstgefühl verselbstständigt (und das machen Gefühle allgemein sehr schnell), verlieren Sie die Kontrolle. Die Angst springt Sie dann aus heiterem Himmel an. Sie wird zu einer Gewohnheit, und Sie reagieren unwillkürlich auf alles und jeden mit Angst. Sie schrecken vor jedem Schatten zurück, fürchten sich vor Veränderungen, vor Neuem und trauen sich nichts mehr zu. Reflexartig reagieren Sie ängstlich auf alles, was Ihnen unbekannt und fremd ist, was unsicher und ungewiss ist. Die Angst hat Sie dann fest im Griff. Sie ist vom Segen zum Fluch geworden, vom Retter in der Not zum Übeltäter.

Unsichere Menschen haben Angst, einen Fehler zu machen. Perfektionistische Menschen haben Angst, die Kontrolle zu verlieren. Gierige Menschen haben Angst, zu kurz zu kommen. Stolze Menschen haben Angst, erniedrigt zu werden. Eifersüchtige Menschen haben Angst vor Verlust. Überaktive Menschen haben Angst vor der Stille. Besitzergreifende Menschen haben Angst, loszulassen. Egoistische Menschen haben Angst vor einem Identitäts- bzw. Ich-Verlust. Gewalttätige Menschen haben Angst, die Macht zu verlieren.
Aber dem Egoismus kann auch die Gier nach Selbstbestätigung zugrunde liegen oder der Gewalt ein Mangel an Konfliktbereitschaft oder das Fehlen sozialer Kompetenzen. All diese Beispiele zeigen, dass die Ursachen von Angst variieren können.

Angst bezieht sich immer auf ein Objekt in der Zukunft, deshalb auch die Formulierung: **ANGST VOR ETWAS HABEN!** Angst vor dem Versagen, vor Verlust, vor Schmerzen, vor einer Blamage, vor Kritik, vor Gewalt, vor Demütigungen, vor Krankheiten, vor einem Überfall, vor Misserfolg, vor dem Leiden, vor einem Unfall, vor dem Sterben, vor dem Tod. Das Objekt der Angst liegt also nicht in der Vergangenheit und auch nicht in der Gegenwart. Die Befürchtungen, Vorstellungen und Annahmen sind immer auf die Zukunft bezogen.
Wenn Sie Angst haben, sind Sie mit Ihren Gedanken nicht im Hier und Jetzt. Der chinesische Philosoph Laotse formulierte dies mit folgenden Worten:

**»Wenn du depressiv bist, lebst du in der Vergangenheit.
wenn du Angst hast, lebst du in der Zukunft.
wenn du im Frieden bist, lebst du in der Gegenwart.«**

Angst bezieht sich in den Fällen, wo sie nicht berechtigt ist, Sie also nicht vor einer tatsächlichen Gefahr warnt, vor einer Bedrohung schützt oder Ihnen das Überleben sichert, auf eine falsche Wahrnehmung. Die Grundlage dieser falschen Wahrnehmung ist mangelnde Achtsamkeit. Alle Übungen in diesem Buch zielen konkret darauf ab, Ihre Sichtweise und Ihr Gewahrsein für den Moment zu schulen. Auf diese Weise lernen Sie, **WIE** Sie mit der Angst umgehen und **WAS** Sie ganz konkret tun können. Das Motto dieses Ratgebers ist: Beobachten Sie, analysieren Sie, und korrigieren Sie! Es sind diese drei Schritte, die Sie körperlich und geistig frei machen werden.

Als psychologisch-spirituelle Beraterin weiß ich aus der Praxis, dass es nicht reicht, einfach nur über Ängste zu sprechen. Es reicht auch nicht aus, darüber zu lesen. Selbst die Beantwortung der Frage »Warum habe ich Angst?« lässt niemanden zwangsläufig weniger leiden. Manchmal geschieht sogar genau das Gegenteil. Der Schmerz wird größer, die Wut stärker, das Selbstvertrauen schwindet, und die Verantwortung wird abgeschoben. Viele Menschen wissen oft erstaunlich genau, wieso sie Angst haben, was sie damit kompensieren und ausgleichen wollen. Sie sind aber nicht in der Lage, adäquat darauf zu reagieren oder gar den Teufelskreis der Gewohnheit zu durchbrechen. Ob Sie es glauben oder nicht, Sie können sich an die Angst gewöhnen und sind verunsichert, wenn Sie dieses Gefühl, das Sie lange begleitet hat, nicht mehr spüren.

Es ist wichtig, dass Sie sich Ihrer Angst stellen, dass Sie sie nicht verdrängen, beschönigen oder zurückweisen. Akzeptieren Sie sie, das ist der erste Schritt. Als Nächstes weisen Sie die Angst in ihre Schranken und weisen ihr den Platz zu, der ihr zusteht. Lassen Sie sie dann ganz bewusst los, auf diese Weise werden Sie wieder selbstbestimmt Herrin oder Herr Ihres Lebens.

In meinem Ratgeber finden Sie viele Tipps für den Alltag inklusive Rezepte und Anregungen für einen gesunden Lebensstil, ein Erste-Hilfe-Set mit bewegten und stillen Übungen, ein Mut-Power-Paket, Geschichten und Weisheiten. Sie können dieses Buch klassisch von vorn nach hinten lesen oder aber ganz nach Gutdünken und persönlicher Gemütslage einzelne Übungen heraussuchen und praktizieren.

Versuchen Sie aber immer wieder, sich an die drei Schritte zu erinnern:

1. BEOBACHTEN

- Was nehme ich wahr?
- Was geschieht gerade?
- Wie geht es mir?
- Was fühle ich?
- Was denke ich?
- Wie möchte ich jetzt am liebsten handeln? …

2. ANALYSIEREN

- Bin ich tatsächlich in einer realen Gefahr?
- Was will mir das Gefühl sagen?
- Was ist das Schlimmste, was mir passieren kann?
- Bin ich bereit, die Angst wertfrei anzunehmen?
- Bin ich in der Lage, die Situation jetzt zu verändern?
- Was habe ich für Alternativen?
- Kann ich etwas beeinflussen? …

3. KORRIGIEREN

- Ja, ich kann jetzt etwas verändern!
- Ich mache jetzt diese Entspannungsübung!
- Ich nehme mir jetzt Zeit für diese Atemübung!
- Ich sage jetzt ganz bewusst »Stopp« oder »Halt«!
- Ich habe die Kraft, jederzeit frei und selbstbewusst das zu denken und zu fühlen, was ich will, und so zu handeln, wie ich will! …

Ganz wichtig ist auch: Üben Sie ohne Druck. Lassen Sie sich Zeit, seien Sie geduldig und mitfühlend mit sich selbst. Erfreuen Sie sich an neuen Erfahrungen. Lernen Sie, das Unerwartete zu schätzen, und erlauben Sie sich selbst, zu wachsen.

Ich wünsche Ihnen von Herzen viel Freude, Vertrauen, Mut und Gelassenheit. Mögen Sie furchtlos und zielsicher Ihren eigenen Weg gehen und so zu wahrem inneren Frieden und zu einem glücklichen und selbstbestimmten Leben finden.

Herzlichst Ihre
Sandy Taikyu Kuhn Shimu

Eine Zen-Meisterin ging mit ihrer Schülerin im nahe gelegenen Wald spazieren. Plötzlich blieb die junge Frau vor einem stattlichen Baum stehen und fragte die Lehrerin: »Meisterin, sag mir, welche Farbe hat dieser Baum?«

Die Meisterin lächelte und erwiderte: »Dieser Baum hat die Farbe, die du siehst.« Sie hielt einen Moment inne und ergänzte: »So ist es mit allem in deinem Leben.«

»
Unsere Ängste
sind wie kleine
Kinder:
Je mehr man ihnen
NACHGIBT,
desto anspruchsvoller
werden sie.
«

Ändern Sie IHRE SICHT aufs Leben!

Angst ist Teil unseres Lebens. Sie gehört zu uns wie das Atmen. Wenn wir der Angst offen und wertfrei begegnen, schützt sie uns, bewahrt uns vor Dummheiten, lässt uns innehalten und regt uns zum Nachdenken an. Als hilfreicher Freund kann sie Inspiration sein und uns dazu veranlassen, dass wir neue, oft ungeahnte Wege gehen. Angst unterstützt uns als fürsorglicher Partner dabei, zu überleben. Sie spornt uns an, fordert uns heraus, lässt uns aber immer den richtigen Spielraum, damit wir handlungsfähig bleiben können.

Wenn Sie die Angst aus diesem Blickwinkel betrachten, kehrt bereits etwas mehr Zuversicht und Vertrauen in Ihr Leben ein. Mit der Zeit verlieren Sie dann sogar die Angst vor der Angst. Im Allgemeinen nehmen Sie Angst als das wahr, was sie ist, nämlich ein Gefühl, eine Empfindung und eine Emotion – nicht anders als Wut, Ärger, Freude, Stolz, Eifersucht, Mitleid, Liebe, Kummer, Sorgen … In den meisten Fällen will die Angst Ihnen etwas sagen, Sie müssen ihr allerdings zuerst wertfrei zuhören, ohne sich von ihr überwältigen zu lassen. Dann können Sie selbstbestimmt entscheiden, ob Ihr Gefühl gerechtfertigt ist und Sie ihm nachgeben und entsprechend handeln wollen – oder eben nicht. Werden Sie sich Ihrer Eigenverantwortung immer wieder bewusst. Sie entscheiden, was Sie denken, wie Sie fühlen und wie Sie handeln möchten. Die Macht liegt in Ihnen, und daran kann auch die stärkste Angst nichts ändern.

Angst basiert oft auf Unwissenheit oder mangelnder Achtsamkeit – auch einem Mangel an Gewahrsein dem Leben und sich selbst gegenüber. Ignoranz oder eine verblendete Sichtweise helfen nicht weiter. Es ist wichtig, dass Sie Ihren Geist für die Wahrheit des Lebens öffnen und dass Sie nichts beschönigen oder verleugnen – nur so können Sie sich von der destruktiven Angst befreien.

Wir alle sind gewissen Bedingungen und Umständen unterworfen. Diese leidvollen Zustände oder Unannehmlichkeiten werden uns mit der Geburt kostenlos »mitgeliefert«, ob wir das nun wollen oder nicht. Absolut jeder Mensch, unabhängig von Alter, Status, Religion, Beruf, Nationalität und Geschlecht, ist sich dieser Gewissheiten des Lebens sicher. Es spielt keine Rolle, ob Sie das fair oder unfair finden, ob Ihnen das gefällt oder nicht: Dies ist eine Tatsache. Ich nenne diese Lebensgewissheiten oder Grundbedingungen auch die **8 UNVERMEIDBAREN LEBENSPFEILE,** die auf jeden von uns abgeschossen werden.

Weshalb verspüren wir Angst? Weil wir bewusst und/oder unbewusst gegen diese Gewissheiten des Lebens ankämpfen, sie nicht wahrhaben, sie ignorieren oder umgehen wollen. Jeder Mensch strebt grundsätzlich nur nach Gewinn, hohem Ansehen, nach

DIE 8 UNVERMEIDBAREN LEBENSPFEILE SIND

1. Sie werden altern.
2. Sie werden krank werden.
3. Sie werden sterben.
4. Sie werden getrennt sein von Menschen, die Sie mögen oder lieben.
5. Sie werden mit Menschen zusammen sein, die Sie nicht mögen oder nicht lieben.
6. Sie werden Dinge bekommen und Situationen erleben, die Sie nicht wollen.
7. Sie werden Dinge nicht bekommen und Situationen nicht erleben, die Sie wollen.
8. Sie können nichts für immer festhalten. Nichts bleibt ewig bestehen, alles ist dem Wandel, der Veränderung unterworfen.

Vergnügen und nach Lob, und jeder Mensch möchte unbedingt Verlust, niedriges Ansehen, Schmerz und Kritik vermeiden. Das heißt: Sie versuchen, das eine, nämlich das, was Sie glücklich und zufrieden macht, zu bekommen und das andere, nämlich das, was Sie unglücklich und unzufrieden macht, zu vermeiden. Aber das ist nicht möglich, wie Ihnen die Auflistung der 8 Gewissheiten bestätigt.

Ob Sie es wollen oder nicht, Sie werden früher oder später gekränkt, getadelt und verlassen werden, Sie werden Schmerzen haben, krank werden, altern und sterben. Sie werden sich von Dingen und Menschen trennen müssen. Sie haben also Angst, weil Sie das festhalten wollen, was Ihnen gefällt, was Sie mögen und lieben. Sie haben Angst, Dinge, Menschen oder Ihre Gesundheit zu verlieren. Sie haben Angst davor, etwas zu erhalten, was Sie ablehnen, oder etwas nicht zu bekommen, was Sie sich so sehr wünschen. Sie haben Angst, dass sich Ihr Umfeld oder Ihre Partnerin oder Ihr Partner verändert. Sie haben Angst vor dem Ich-Verlust, vor dem Sterben und vor dem Tod.
Je stärker Sie sich gegen die 8 unvermeidbaren Lebenspfeile auflehnen, desto größer sind bzw. werden Ihre Ängste. Aber je bewusster und achtsamer Sie denken, fühlen, handeln und reden, desto weniger werden Sie leiden. Ihre Ängste werden kleiner, weil Sie erkannt haben, was das Leben ausmacht. Sie haben verstanden, dass die Integration dieser Lebensbedingungen notwendig für ein angstfreies Leben ist. Auf den Punkt gebracht:

Wenn Sie die 8 Gewissheiten nicht akzeptieren,
stellen Sie sich gegen das (Ihr) Leben!

Ihre Angst, Ihr Schmerz und Ihr Leiden verstärken sich zudem durch die **VERMEIDBAREN LEBENSPFEILE,** die Sie unaufgefordert und eigenverantwortlich auf sich selbst schießen, und zwar immer dann, wenn Sie bereits von einem unvermeidbaren Pfeil getroffen wurden. Für die Anzahl an vermeidbaren Pfeilen gibt es keine Obergrenze, hier ist unser Geist sehr kreativ.

DIE VERMEIDBAREN LEBENSPFEILE SIND ZUM BEISPIEL:

- Warum ich?
- Wie lange noch?
- Ich bin nicht genug.
- Das glaube ich nicht.
- Wieso nicht ein anderer?
- Das Leben ist nicht gerecht.
- Das habe ich nicht verdient.
- Wie kann ich das umgehen?
- Ich kämpfe dagegen an.
- Warum jetzt?
- Das will ich nicht.
- Das kann ich nicht.
- Ich halte daran fest.
- Ich lasse nicht los.

Wie Sie in der Grafik sehr leicht sehen, sind es nicht die unvermeidbaren Pfeile, die Ihnen das Leben schwer oder gar zur Hölle machen, sondern die vermeidbaren. Auf die unvermeidbaren Lebenspfeile haben Sie keinen Einfluss, aber Sie können etwas gegen die vermeidbaren Lebenspfeile unternehmen. Denn es liegt immer an Ihnen, wie Sie auf Erlebnisse und Umstände in Ihrem Leben reagieren. Sie entscheiden jeden Tag neu, wie Sie über sich selbst und andere denken und wie Sie Ihr Leben gestalten wollen. Sie selbst sind dafür verantwortlich, wie Sie auf den Abschuss eines unvermeidbaren Lebenspfeils antworten wollen.

Sie können diesen Umstand, diese Tatsache, ignorieren, dagegen ankämpfen und sich auflehnen. Sie können jammern, sich beklagen, an der falschen Sichtweise über das Leben festhalten, weiter Ihre Angst nähren und so Dutzende vermeidbare Pfeile auf sich selbst lenken. Sie können aber auch den neuen Umstand, die Tatsache, akzeptieren, Ihr Schicksal annehmen und Ihr Leben in Würde leben. Sie können Ihren Geist schulen, Ihre Achtsamkeit trainieren, lernen, loszulassen, und eine bewusste Wahrnehmung entwickeln. Sie können sich für die Weisheit und die Wahrheit des Lebens in Freiheit und Liebe öffnen. Das mindert nicht nur Ihre Angst, sondern schenkt Ihnen Lebenszeit, Lebensenergie und viel Lebensfreude.

Grundsätzlich müssen Sie aber weder an Ihrer Angst verzweifeln noch sich ihr ausgeliefert fühlen. Die Energie der Angst lässt sich transformieren und so für Sie nutzbar machen. Sie werden zwar nicht von heute auf morgen völlig angstfrei durchs Leben gehen können. Seien Sie aber geduldig mit sich selbst, und beobachten Sie auch kleine Veränderungen. Es braucht einfach etwas Übung, Ihre Offenheit, Ihre Achtsamkeit, Ihre Entschlossenheit und Ihre Geduld. Wenn Sie aber dranbleiben, hat die Angst langfristig keine Kontrolle mehr über Ihr Leben.

»
Eine Krise
beginnt immer im Geist,
denn der Standpunkt
als Betrachter
BESTIMMT,
was wir erleben.
«

Nutzen Sie den AUGENBLICK

Sie können nie zwei Gedanken zur selben Zeit denken. Es ist nicht möglich, ängstlich und im gleichen Moment zuversichtlich zu sein. Sie können nicht gleichzeitig einen hasserfüllten und einen liebevollen Gedanken haben. Obwohl es Ihnen bestimmt manchmal so vorkommt, als ob Sie Dutzende Gedanken zur selben Zeit denken, ist das nicht richtig. Die Flut der Gedanken mag stark und unendlich sein, aber Sie denken immer nacheinander, jeden Gedanken der Reihe nach. Auf einen Gedanken der Ruhe kann unmittelbar ein Gedanke der Verunsicherung folgen, darauf ein Gedanke der Angst, ein Gedanke der Hoffnung, dann ein Gedanke der Zuversicht und wieder ein Gedanke der Wut. Das geschieht so schnell und unmittelbar, dass Sie das Gefühl haben, alle Gedanken brechen auf einmal über Sie herein. Vielleicht bleiben Sie in dem Irrglauben zurück, dass

Sie keinen Einfluss auf das Geschehen in Ihrem Kopf haben. Das aber ist eine große Illusion – und das ist eine gute Nachricht!

Sie können ganz bewusst Einfluss auf Ihr Denken nehmen, indem Sie gezielt in den Gedankenprozess eingreifen. Auf diese Weise erlangen Sie auch die Kontrolle über Ihre Emotionen und Ihre Empfindungen. Verstehen Sie mich bitte nicht falsch, es geht nicht darum, dass Sie zu einer gefühllosen Maschine mutieren. Emotionen und Empfindungen sind wichtig und richtig, nur sollen Sie stark sein in Ihren Gefühlen, sich aber nicht von ihnen leiten lassen.
Sehr schnell befinden wir uns in einem negativen Gedankenkarussell. Die Gewohnheitsenergien nehmen ihren vorbestimmten Lauf, ein unheilsamer Gedanke bringt den nächsten hervor, und ein negatives Gefühl nährt das andere. Das Kopfkino läuft auf Hochtouren. Obwohl in den meisten Fällen noch überhaupt nichts geschehen ist, produzieren Sie in Ihrem Kopf vielleicht einen Film des Schreckens und des Grauens. Sie verlieren dadurch nicht nur enorm viel Energie und Zeit, sondern auch den Überblick über die gesamte Situation. Sie glauben dann tatsächlich, dass das Kino die Welt und der Film Ihr Leben ist. Hören Sie auf damit, und drücken Sie auf der Fernbedienung den Knopf »STOPP!«. Sie sind die Regisseurin bzw. der Regisseur Ihres Lebensfilms, also schreiben Sie das Drehbuch um. Das gelingt Ihnen aber nur, wenn Sie sich nicht mit dem Inhalt des Films und den Schauspielern identifizieren. Sagen Sie ganz bewusst »Stopp«, und halten Sie einen Moment inne, nur so kommen Sie in den gegenwärtigen Moment zurück. Erlauben Sie sich, nicht jeden Gedanken denken zu müssen! Sie essen ja auch kein Gift!

»STOPP!« ist die Psychologie des Augenblicks. Sie gewährt Ihnen eine Verschnaufpause. Eine solche Pause ist eine Phase der Einkehr und des Bewusstseins, und sie ist wichtig, denn erst jetzt haben Sie die Möglichkeit, selbstbestimmt in das Geschehen einzugreifen. Sie können einen negativen Gedanken durch einen positiven ersetzen. Sie bestimmen, was Sie denken, wie Sie fühlen und wie Sie handeln möchten.
Es geht nicht darum, dass Sie Gedanken oder Gefühle verdrängen, sondern dass Sie sich den nötigen Raum für ein offenes Gewahrsein schaffen. »STOPP!« bedeutet, innezuhalten und selbstbewusst zu entscheiden, wie es weitergehen soll. Natürlich dürfen Sie traurig sein und weinen oder wütend in einen Sandsack schlagen und schreien. Es geht um Bewusstheit und die eigenverantwortliche Entscheidung: Wie geht es weiter? Will ich mir selbst schaden? Was haben andere damit zu tun? Will ich dieses Szenario bis zum Ende durchziehen?

In meinen Beratungen und Seminaren füge ich an dieser Stelle ein zweites kraftvolles Wort hinzu: »JETZT.« Dieses Wort nimmt Ihnen Druck, den Druck, ab heute und für immer das Richtige zu tun oder die perfekte Lösung parat zu haben. »JETZT« schenkt Ihnen Spiel- und Freiraum und schafft die Basis für kreative Prozesse und eine bewusste, positive und heilsame Entwicklung. Mit diesem zweiten Begriff untermauern Sie den ersten. Sie erlauben sich, nach der Pause für sich selbst und in der Gegenwart zu entscheiden. Das heißt: Sie verschieben, ignorieren, beschönigen oder verdrängen nichts. Sie sagen zum Beispiel: »Jetzt nehme ich meine Angst wahr. Jetzt sitzt sie im Bauch. Jetzt spüre ich einen Druck auf der rechten Seite. Jetzt schenke ich dieser Körperstelle meine volle Aufmerksamkeit. Jetzt lege ich meine Hände auf meinen rechten Unterbauch. Jetzt atme ich dreimal tief durch den Bauch ein und aus. Jetzt lasse ich den Druck los. Jetzt bringe ich meine Konzentration auf den Punkt zwischen den Augenbrauen, mein Drittes Auge. An dieser Stelle finden meine Visualisierungen statt. Jetzt stelle ich mir dort eine Person oder einen Gegenstand vor, der für mich ganz persönlich für Zuversicht, Furchtlosigkeit, Hoffnung und Vertrauen steht. Jetzt bin ich zuversichtlich, furchtlos, hoffnungsvoll und voller Selbstvertrauen.«

Erinnern Sie sich, Angst bezieht sich immer auf ein Objekt in der Zukunft. Die beiden Wörter »STOPP!« und »JETZT« sind ein wahrer Segen. Sie sind die Kraft der Gegenwart, **DES WIE** (Wie gehe ich mit der Angst um?) und **DES WAS** (Was mache ich ganz konkret?). Sie ermöglichen Ihnen ein Zurück- und ein Ankommen im Augenblick, ein Leben im Hier und Jetzt!

» Keinen Fehler machen zu wollen, das ist der größte **FEHLER.** «

Besiegen Sie Ihre ANGST in fünf Schritten

Für dieses Programm ist es von großer Bedeutung, dass Sie jeden Schritt zum Umgang mit der Angst bewusst wahrnehmen, ohne ihn zu bewerten. Zu Beginn brauchen Sie etwas Übung. Sie neigen vielleicht dazu, einzelne Schritte unbewusst zu übergehen, oder es fällt Ihnen schwer, die verschiedenen Schritte auseinanderzuhalten. Machen Sie sich darüber keine Gedanken. Es ist wie bei allem, was Sie neu lernen: Übung macht die Meisterin oder den Meister. Wenn Sie Autofahrer sind, erinnern Sie sich bestimmt noch daran, wie anspruchsvoll es war, sich zu Beginn an alles zu erinnern, was Ihr Fahrlehrer gesagt hat: in den Rückspiegel blicken, den Blinker setzen, die Kupplung betätigen, den Gang einlegen, den Kontrollblick über die Schulter usw. Heute lachen Sie wahrscheinlich darüber, denn jetzt läuft alles automatisch. Durch die regelmäßige Übung und die jahrelange Fahrpraxis haben Sie sich schon lange an die einzelnen Abläufe gewöhnt. Genauso wird es Ihnen mit der Bewältigung der Angst ergehen. Trauen Sie es sich zu, es lohnt sich!

Schritt 1: Erkennen Sie die Angst!

Seien Sie sich bewusst, dass Sie Ihre Angst hervorgebracht haben. Das Gefühl der Angst ist nicht außerhalb von Ihnen. Es gab einen oder mehrere Auslöser dafür, dass Sie jetzt Angst verspüren. Ihre Gedanken, Ihre Gefühle und/oder Ihre Handlungen haben die Emotion »Angst« genährt.

Stellen Sie sich das wie in einem Garten vor: In der Erde gibt es Millionen von Samen, die alle nur darauf warten, zu wachsen, wenn die Bedingungen dafür günstig sind. Nicht jeder Samen benötigt die gleichen Umstände. Die einen mögen trockene Erde und viel Sonne, andere wiederum bevorzugen Schatten und ein feuchtes Klima. Genauso ist das in Ihrem »geistigen Garten«. Ihre »geistigen Samen« wachsen und blühen dann, wenn die Bedingungen dafür gegeben sind. Verurteilen Sie sich nicht dafür. Nehmen Sie die Angst einfach ganz bewusst wahr, und verleugnen Sie sie nicht. Stehen Sie zu Ihr, und sehen Sie der Angst direkt in die Augen!

Schritt 2: Akzeptieren Sie die Angst!

Hadern Sie nicht mit sich, den Umständen oder Ihrer Angst. Nehmen Sie die Angst ganz bewusst an, und stoßen Sie sie nicht weg. Druck erzeugt immer Gegendruck, und genau das wollen Sie ja vermeiden. Sagen Sie Ja zu der Angst, und nehmen Sie sie an!

Um beim Beispiel des Gartens zu bleiben: Sie entdecken ein Unkraut in Ihrem Garten, das Sie nicht mögen, z. B. Löwenzahn. Es reicht nicht, wenn Sie den Blick in die andere Richtung schweifen lassen und das Unkraut ignorieren. Es ergibt auch keinen Sinn, den Löwenzahn anzubrüllen oder ihm zu befehlen, nicht mehr zu wachsen. Er wird Ihnen mit Sicherheit nicht gehorchen.

Schritt 3: Erforschen Sie die Angst!

Prüfen Sie die inneren und äußeren Zustände. Was ist tatsächlich passiert? Was war der Auslöser der Angst? Was ist die Ursache Ihrer Angst? Was hat dazu geführt? Setzen Sie sich mit der Angst auseinander! Will Ihnen Ihre Angst etwas sagen? Ist sie wirklich berechtigt? Schützt sie Sie vor einer realen Gefahr?
Wir bleiben beim Garten: Welche Bedingungen herrschen in Ihrem Gartenbeet vor, sodass der Löwenzahn ungehindert gedeihen kann?

Schritt 4: Identifizieren Sie sich nicht mit Ihrer Angst!

Distanzieren Sie sich von Ihrer Angst. Sie sind nicht Ihre Angst. Setzen Sie sich nicht mit der Angst gleich. Sagen Sie ganz konkret: »Ich **HABE** Angst« und nicht »Ich **BIN** ängstlich«.
Auf Ihren Garten bezogen heißt das: Nur weil neben den schönen Rosen und den farbigen Lilien auch Löwenzahn wächst, müssen Sie nicht an Ihrem Gartenprojekt zweifeln. Sie müssen auch nicht die gesamte Erde umwühlen, alles zerstören und von Neuem beginnen. Und das Wichtigste: Sie sind keine schlechte Gärtnerin oder ein schlechter Gärtner, nur weil Löwenzahn in Ihrem Garten wächst.

Schritt 5: Lassen Sie die Angst los!

Lösen Sie sich jetzt ganz bewusst und voller Zuversicht und Selbstvertrauen von der Angst. Verabschieden Sie sich, und wünschen Sie ihr alles Gute. Sagen Sie der Angst, dass Sie sie nun nicht mehr brauchen. Lassen Sie sie los!
In Ihrem »geistigen Garten« reißen Sie den Löwenzahn mit der Wurzel aus und verändern die Bedingungen, damit der Samen keine Veranlassung mehr hat, in Ihrem Beet zu sprießen.

Wenn Sie sich so systematisch und eingehend mit der Angst auseinandersetzen, verliert diese ihren Schrecken und ihren Einfluss. Sie lassen sich dann nicht mehr so schnell aus der Ruhe bringen, handeln aus Ihrer Mitte heraus und wissen genau, was zu tun ist, wenn der »Löwenzahn« wieder wächst!

» Ein Mann besuchte einen Arzt und sagte: »Lieber Herr Doktor, ich habe immer Angst. Mein Leben macht mir überhaupt keine Freude mehr. Haben Sie ein wirksames Mittel dagegen?« Der Arzt bat den Patienten, Platz zu nehmen, und bot ihm eine Tasse Tee an. Er antwortete: »Lassen Sie mich Ihnen eine Geschichte erzählen. Hier auf dem Land gibt es viele Tiere. Als ich eines Morgens in meine Praxis kam, sah ich, dass eine Feldmaus meine Bücher angeknabbert hatte. Ich überlegte mir, was ich tun könnte. Sollte ich eine Falle aufstellen oder die Maus jagen? Wie viel Aufwand wollte ich betreiben? War ich bereit, meine Lebenszeit dafür zu verschenken? Ich habe mich dann nach reiflicher Überlegung dazu entschieden, meine wertvollsten und wichtigsten Bücher an einen geschützten Ort zu stellen. Der Feldmaus habe ich ein paar wenige Exemplare überlassen, die keine große Bedeutung mehr für mich hatten. Sie konnte dann ungeniert an diesen Büchern knabbern, und wir beide lebten gut miteinander. Ich verlor keine unnötige Energie, und die Maus wurde kein übermächtiger Feind oder Gegner. Ich rate Ihnen, dass Sie das Gleiche mit Ihrer Angst machen. Erlauben Sie der Angst, sich nur auf wenige Bereiche in Ihrem Leben zu konzentrieren. Dann bleiben Ihnen genug Mut und Vertrauen für das wirklich Wichtige!« «

»

Es ist keine Schande,
wenn du
hinfällst,
solange du danach wieder
AUFSTEHST.

«

Das Mut-Power-Paket für Ihren ALLTAG

Sie wissen bereits, dass es wichtig ist, wie Sie sich selbst im Alltag begegnen und was Sie über sich denken. Was sind Ihre bisherigen Glaubenssätze? Wie sehen Ihre gedanklichen Gewohnheitsenergien aus? Was sind Ihre Lebensleitsätze? Wie sehen Sie sich selbst? Ich stelle Ihnen ein Mut-Power-Paket für Ihren Alltag vor. Sie können sich diese Sätze auf Kärtchen schreiben. Wenn Sie zwischendurch Zeit haben, eine Pause machen oder auf den Bus warten, holen Sie einfach die Kärtchen – oder eine Auswahl – hervor und lesen sie sorgfältig durch. Experimentieren Sie, und überzeugen Sie sich selbst!

Ein paar Beispiele, wie Sie Ihr Mut-Power-Paket im Alltag nutzen können, möchte ich Ihnen trotzdem mit auf den Weg geben:

Nehmen Sie den Impuls mit in die Stille, z. B. in Ihre Meditation. Vermeiden Sie diskursives Denken. Kommen Sie ganz im Hier und Jetzt an, und lassen Sie alles andere los. Damit meine ich: Lesen Sie die Karte mehrmals, legen Sie sie danach beiseite, kommen Sie körperlich und geistig zur Ruhe. Lassen Sie das Gelesene einfach auf sich wirken. Schön ist es auch, wenn Sie sich mit einer anderen Person austauschen. Reflektieren Sie gemeinsam bei einer Tasse Tee oder bei einem Spaziergang offen über Ihre Erkenntnisse, und philosophieren Sie erwartungsfrei.

Wenn Sie im Besitz einer Mala (einer traditionellen buddhistischen oder hinduistischen Gebetskette) sind, können Sie Ihren Impuls 108 Mal in Gedanken oder laut wiederholen, also eine ganze Mala-Runde. Es gibt auch kleinere Perlenketten, die man ums Handgelenk trägt und die meist aus 18 bis 21 Perlen bestehen. Mit dieser kurzen Kette können Sie auch ganz unauffällig im Bus, in einer Warteschlange oder im Restaurant üben.

Sprechen Sie einen oder mehrere Impulse laut aus, und nehmen Sie sich dabei auf. Sie können diese Aufnahmen anhören, wann immer Sie Lust und Zeit haben – oder immer dann, wenn Sie einen positiven Leitsatz benötigen.

Sehr wirkungsvoll ist das Lesen vor dem Zubettgehen und/oder direkt nach dem Aufstehen. Sie schlafen dann mit den motivierenden Aussagen abends ein und nehmen einen guten Ratschlag mit in den neuen Tag.

Oder Sie lassen sich von einem Impuls den ganzen Tag begleiten, indem Sie ihn auf eine Karte schreiben und diese einstecken. Sie können die Karte lesen, wenn es Ihnen in den Sinn kommt, oder Sie stellen einen Timer z. B. auf Ihrem Smartphone ein, der Sie daran erinnert, Ihren Impuls laut oder gedanklich zu wiederholen und ihn emotional zu fühlen.

ICH NEHME MICH SELBST AN.

Ich erlaube mir, Fehler zu machen. Ich akzeptiere mich so, wie ich bin. Dazu gehören auch meine Unzulänglichkeiten oder meine Schwächen. Ich stehe zu mir.

ICH VERTRAUE AUF MICH.

Ich vertraue auf meine Stärken und arbeite an meinen Schwächen. Ich kann mich darauf verlassen, dass ich alles bereits in mir trage, was ich für ein selbstbestimmtes, energievolles und freies Leben brauche.

ICH BIN MIR MEINER SELBST BEWUSST.

Ich weiß, wer ich bin und was ich kann.
Ich bin mit mir vertraut und gehe meinen Weg.
Ich erlaube mir selbst, zufrieden und glücklich zu sein.

ICH BIN ICH.

Ich weiß, was wichtig und richtig für mich ist. Ich denke, fühle und handle so, dass ich zu hundert Prozent dahinterstehe.

ICH SORGE FÜR MICH.

Ich habe es verdient, glücklich und zufrieden zu sein.
Ich darf es mir gut gehen lassen. Ich unternehme die nötigen Schritte, damit ich in Harmonie und Fülle lebe.

ICH DARF MICH ENTWICKELN.

Ich kann mich jederzeit verändern und darf mich entwickeln. Ich erlaube mir selbst, neue Wege zu gehen und Dinge auszuprobieren. Ich habe den Mut, mich neuen Herausforderungen zu stellen, und erfreue mich an Unerwartetem.

ICH VERWIRKLICHE MICH SELBST.

Ich denke, fühle und handle nach meinen eigenen Normen und Werten. Ich höre auf meine innere Stimme und bleibe mir selbst treu. Ich verbinde mich immer wieder mit meinem inneren edlen Kern.

ICH ÜBERNEHME VERANTWORTUNG.

Ich kann meine Probleme selbst lösen. Ich erlaube mir aber auch, mich beraten zu lassen oder Hilfe in Anspruch zu nehmen, wenn ich nicht mehr weiterweiß. Ich bin die Regentin in meinem Leben.

ICH LIEBE MICH.

Ich achte auf mich und respektiere meine Bedürfnisse. Ich behandle meinen Körper und meinen Geist gut.

ICH BLEIBE GELASSEN.

Ich lasse mir genügend Raum und Zeit, um zu wachsen, und gehe kleine Schritte. Ich denke, fühle und handle positiv. Ich bleibe geduldig und gelassen.

ICH BIN IM VERTRAUEN.

Ich fühle mich geborgen, weil ich weiß,
dass die Welt ein liebevoller, freundlicher und sicherer Ort ist.

••••••••

ICH BIN MUTIG UND ERLAUBE MIR, ERFAHRUNGEN ZU MACHEN.

Ich öffne mich für die Wunder des Lebens.

••••••••

ICH LEBE IN DER FÜLLE.

Ich bin erfolgreich, schätze und genieße das Leben
und habe von allem mehr als genug.

••••••••

ICH BIN DIE MEISTERIN MEINES LEBENS.

Ich gestalte mein Selbst. Ich bin vollkommen.

••••••••

ICH ENTSCHEIDE SELBST, WAS FÜR MICH RICHTIG IST.

Ich besitze bereits alle Eigenschaften, die ich für ein Leben
in Freiheit und Glück benötige.

••••••••

ICH VERTRAUE MIR SELBST.

Ich weiß, was ich kann und was ich will. Ich kann mich
auf mich verlassen und den Moment genießen.

ICH BIN GENAU SO IN ORDNUNG, WIE ICH BIN.

Ich gebe mein Bestes, deshalb verdiene ich Respekt und Anerkennung von mir selbst.

••••••••

ICH BEGEGNE HERAUSFORDERUNGEN GELASSEN UND SELBSTSICHER.

Ich weiß, dass ich allem gewachsen bin und jede Situation meistern kann.

••••••••

ICH ERKENNE IN ALLEM DIE MÖGLICHKEIT, ZU WACHSEN.

Ich liebe das Unerwartete und bin offen für Neues.

••••••••

MIT JEDEM BEWUSSTEN ATEMZUG ERFAHRE ICH VERTRAUEN UND SICHERHEIT.

Ich bleibe verbunden mit dem Leben.

••••••••

ICH VERTRAUE MICH BEHERZT DEM FLUSS DES LEBENS AN.

Ich genieße es, mich im Strom des Wandels treiben zu lassen.

••••••••

ICH BIN DIE STARKE REGENTIN IN MEINEM KOPF.

Ich bestimme, was und wie ich denke und welche Gedanken ich nähre.

ICH BIN MUTIG UND LASSE VERÄNDERUNGEN ZU.

Ich öffne mich für die Intelligenz der Schöpfung und vertraue auf die universelle Wahrheit.

••••••••

ICH WEISS,DASS ICH ALLES TRAGEN KANN, WAS GESCHIEHT.

Ich schöpfe aus der unversiegbaren Quelle meines tapferen Selbst.

••••••••

ICH HABE DEN MUT, MICH DEM LEBEN ZU STELLEN.

Ich bringe mich mit all meinen Begabungen und Fähigkeiten in die Gesellschaft ein.

••••••••

ICH SPÜRE GRENZENLOSE ENERGIE UND TATENDRANG.

Voller Mut stehe ich für meine Werte und Überzeugungen ein.

••••••••

ICH GEBE MIR RAUM UND ZEIT ZUM WACHSEN.

Ich weiß, dass mich jede Erfahrung in meiner persönlichen Entwicklung weiterbringt.

ICH WEISS, DASS MICH JEDER GEDANKE NÄHRT UND BEEINFLUSST.

Ich entscheide mich bewusst für positive Gedanken.
Ich bin und bleibe in meiner Kraft.

••••••••

MEIN LEBEN LIEGT IN MEINEN HÄNDEN.

Ich spüre ein festes und stabiles Fundament.
Ich kann darauf bauen, was immer ich möchte.

••••••••

ICH BIN BEREIT, MICH ZU VERÄNDERN.

Ich fühle mich leicht und frei und entscheide, zu handeln.
Ich gehe meinen Weg.

Jede Veränderung beginnt in Ihrem Kopf, in Ihrem Geist, also mit Ihren Gedanken. Dies sind die Samen, die Sie täglich in Ihrem »geistigen Garten« säen, die eines schönen Tages blühen und Sie dann entweder erschrecken, enttäuschen oder aber erfreuen und glücklich und zufrieden stimmen. Entscheiden Sie sich also unbedingt für heilsame, förderliche, gute und positive Samen, und pflegen Sie Ihren »geistigen Garten« regelmäßig – am besten jeden Tag!

»*Vor langer Zeit saß eine weise, alte Frau im Schatten einer großen Bergkiefer und trank eine Tasse Tee. Von Weitem machte sie eine dunkle Gestalt aus, die auf einem schwarzen Pferd in Richtung Stadt ritt. Als der Unbekannte ihren Weg kreuzte, erkannte die Frau, dass es sich um den unheilbringenden Seuchengott handelte. Sie erkundigte sich vorsichtig: »Wohin führt dich denn deine Reise?« Der Seuchengott brachte sein Pferd zum Stehen, blickte der Fragenden direkt in die Augen und sprach forsch: »Ich reite in die Stadt und werde hundert Menschen töten!« Bevor die Frau etwas erwidern konnte, war der furchteinflößende Mann bereits verschwunden. Nach ein paar Tagen, als der Seuchengott seine Rückreise antrat, begegnete er erneut der Weisen. Wie jeden Tag saß die Frau im kühlen Schatten des alten Baumes und schlürfte Tee. Sie hielt inne, nahm dann aber all ihren Mut zusammen und sagte tapfer: »Du hast mir vor drei Tagen erzählt, dass du in die Stadt reitest, um hundert Menschen zu töten. Ich habe aber von vorbeiziehenden Händlern und Reisenden erfahren, dass du zehntausend Menschen umgebracht hast!« – »Nein, das ist nicht wahr!«, rief der Seuchengott erbost und ergänzte verdutzt: »Ich habe wirklich nur hundert Menschen getötet. Den anderen neuntausendneunhundert hat ihre eigene Angst das Leben genommen!«*«

»
Meist ist es
einfacher,
an einer alten Ansicht festzuhalten,
denn es braucht
MUT,
seine Meinung zu ändern.
«

Ihre Reise zur inneren, SICHEREN Welt

Mit dieser Übung lade ich Sie auf eine meditative Reise ein. Es ist eine Reise zu vier verschiedenen Kraftorten, die Sie in Ihrem Inneren finden. Wenn Sie bereits vertraut sind mit dieser Art der geistigen Praxis, können Sie den Text zuerst lesen und ihn dann gedanklich Revue passieren lassen. Wenn es Ihnen schwerfällt, sich den Ablauf zu merken, empfehle ich Ihnen, den Text aufzunehmen. Sprechen Sie ihn selbst, oder lassen Sie ihn von einer Person lesen, deren Stimme Sie mögen. Die meisten Smartphones besitzen eine ganz einfache Aufnahmefunktion mit sehr guter Qualität. Dann können Sie sich die Übung über den Lautsprecher oder über Kopfhörer anhören und diese innere Reise überall praktizieren, wo Sie wollen.

Reisen Sie im Sitzen oder im Liegen. Wenn Sie im Sitzen üben, achten Sie auf eine bequeme, stabile und aufrechte Haltung. Sie können auf einem Stuhl oder in Ihrer bevorzugten Meditationshaltung auf einem Kissen am Boden sitzen. Wenn Sie die innere Reise lieber im Liegen durchführen möchten, legen Sie sich flach und gerade auf den Rücken, auf eine nicht zu weiche Unterlage. Richten Sie Ihren Körper möglichst symmetrisch aus. Als Unterstützung dient auch ein kleines Kissen unter dem Kopf oder zur Entlastung des unteren Rückens eine zusammengerollte Decke unter den Knien. Halten Sie sich warm, und decken Sie sich bei Bedarf zu. Versuchen Sie aber unbedingt, während der gesamten Übung wach und konzentriert zu bleiben.

Der Beginn Ihrer inneren Reise verläuft immer nach dem gleichen Schema. Dies hilft Ihnen, gedanklich und körperlich zur Ruhe zu kommen und sich zu entspannen. Lassen Sie sich Zeit, und erlauben Sie sich, völlig loszulassen. Ich begleite und führe Sie im weiteren Verlauf an die vier verschiedenen Kraftorte in Ihrer sicheren Welt. Diese sind auf einem Wegweiser gekennzeichnet: Es gibt den Weg zur »Quelle«, zum »Meer«, zum »Baum« und zur »Meisterin«. Wenn Sie selbstständig üben, steht es Ihnen natürlich frei, ob Sie einen, zwei, drei oder alle vier Orte hintereinander besuchen möchten.

Jede innere Reise besteht aus drei Abschnitten: der Vorbereitung, dem Hauptteil und dem Abschluss. Den Hauptteil finden Sie immer in einem grauen Kasten, die Vorbereitung und den Abschluss jeweils davor und danach. Wenn Sie bei einer Reise mehrere Orte besuchen möchten, machen Sie nur einmal die Vorbereitung und den Abschluss und besuchen zum Beispiel das Meer und danach die Meisterin. Begeben Sie sich dazu nach dem Aufenthalt am Meer wieder zum Wegweiser zurück, und folgen Sie dem neuen Schild zur Meisterin. Erst nachdem Sie auch die Meisterin besucht haben, beenden Sie Ihre Reise mit dem Teil Abschluss.

Wenn Ihnen die Vorstellung, einen Lift zu benutzen, nicht gefällt, können Sie auch eine Rutschbahn hinunterrutschen. Ersetzen Sie für die Variante den Teil zwischen »Sie sind ganz ruhig und entspannt …« und »Sie spüren das weiche Gras unter Ihren Füßen …« mit folgenden Sätzen:

> *Jetzt sind Sie am Ende der Treppe angekommen und stehen vor einer langen Rutschbahn …*
> *Setzen Sie sich auf die Rutschbahn …*
> *Rutschen Sie voller Vertrauen und Zuversicht die gesamte Rutsche hinunter …*
> *Sie sind jetzt ganz unten angekommen …*
>
> *Sie fühlen sich sicher und geborgen …*
> *Sie stehen von der Rutschbahn auf und betreten Ihre sichere innere Welt …*

Auch für den Abschluss der Reise möchte ich Ihnen zwei zusätzliche Varianten vorstellen. Wenn Sie im meditativen Reisen bereits geübter sind, können Sie den gesamten Abschluss deutlich kürzer gestalten. Sie müssen dann nicht mehr über Lift und Treppe zurück ins Hier und Jetzt. Es gibt zwei Abkürzungsvarianten, die Sie einfach am Ende des Hauptteils lesen. Sollten Sie die Rutschbahn genommen haben, gehen Sie einfach eine zweite Treppe hinauf und zählen statt bis 10 bis 20.

Abschluss – Variante 1:

Lösen Sie sich jetzt gedanklich von Ihrem inneren Bild …
Erhalten Sie die heilsame, positive und förderliche Energie aufrecht …
Verbinden Sie sich mit Ihrer bewussten Atmung …

Sie atmen ein, Sie atmen aus … und zählen gedanklich 1 …
Sie atmen ein, Sie atmen aus … und zählen gedanklich 2 …
Sie atmen ein, Sie atmen aus … und zählen gedanklich 3 …
Sie atmen ein, Sie atmen aus … und zählen gedanklich 4 …
Sie atmen ein, Sie atmen aus … und zählen gedanklich 5 …
Sie atmen ein, Sie atmen aus … und zählen gedanklich 6 …
Sie atmen ein, Sie atmen aus … und zählen gedanklich 7 …
Sie atmen ein, Sie atmen aus … und zählen gedanklich 8 …
Sie atmen ein, Sie atmen aus … und zählen gedanklich 9 …
Sie atmen ein, Sie atmen aus … und zählen gedanklich 10 …

Sie fühlen sich frei und glücklich …
Sie sind wieder in Ihrer äußeren Welt …
Lenken Sie Ihre Aufmerksamkeit nach außen …
Aktivieren Sie Ihren Körper … bewegen Sie sanft die Hände und Füße …
Öffnen Sie Ihre Augen …
Recken und strecken Sie sich …
Wenn Sie gähnen müssen, tun Sie es …
Lächeln Sie …

Ihre innere Reise ist beendet …

Abschluss – Variante 2:

Lösen Sie sich jetzt gedanklich von Ihrem inneren Bild …
Erhalten Sie die heilsame, positive und förderliche Energie aufrecht …
Verbinden Sie sich mit Ihrer bewussten Atmung …
Lenken Sie Ihre Aufmerksamkeit nach außen …
Aktivieren Sie Ihren Körper … bewegen Sie sanft die Hände und Füße …
Öffnen Sie Ihre Augen …
Recken und strecken Sie sich …
Wenn Sie gähnen müssen, tun Sie es …
Lächeln Sie …

Ihre innere Reise ist beendet …

Und nun wünsche ich Ihnen eine gute Reise zu Ihren Kraftorten in Ihrer inneren, sicheren Welt.

Reise zum MEER

Nehmen Sie jetzt Ihre bevorzugte Haltung im Sitzen oder Liegen ein. Schließen Sie die Augen, entspannen Sie Ihr Gesicht, und kommen Sie körperlich und geistig zur Ruhe …

Atmen Sie drei Mal ganz bewusst und hörbar tief durch die Nase ein und durch den Mund aus. Lassen Sie mit dem ersten Atemzug alles los, was Sie körperlich belastet. Atmen Sie tief ein und aus … Lassen Sie los …

Lassen Sie mit dem zweiten Atemzug alles los, was Sie gefühlsmäßig, emotional belastet. Atmen Sie tief ein und aus … Lassen Sie los …

Lassen Sie mit dem dritten Atemzug alles los, was Sie gedanklich, mental belastet. Atmen Sie tief ein und aus … Lassen Sie los …

Verbinden Sie sich jetzt wieder mit Ihrer ganz natürlichen Atmung. Atmen Sie ruhig und leicht durch die Nase ein und aus …

Lenken Sie Ihren Fokus auf den Punkt zwischen den Augenbrauen. Hier finden Ihre Visualisierungen statt, hier lassen Sie Ihre inneren Bilder entstehen …

Stellen Sie sich jetzt mithilfe dieses Punktes eine große Treppe mit zehn Stufen vor. Sie stehen ganz oben. Jedes Mal, wenn Sie ausatmen, steigen Sie gedanklich eine Stufe hinab und zählen im Geiste eine Zahl zurück …

Sie atmen ein, Sie atmen aus … 9 … eine Stufe tiefer …
Sie atmen ein, Sie atmen aus … 8 … eine Stufe tiefer …
Sie atmen ein, Sie atmen aus … 7 … eine Stufe tiefer …
Sie atmen ein, Sie atmen aus … 6 … eine Stufe tiefer …
Sie atmen ein, Sie atmen aus … 5 … eine Stufe tiefer …
Sie atmen ein, Sie atmen aus … 4 … eine Stufe tiefer …
Sie atmen ein, Sie atmen aus … 3 … eine Stufe tiefer …
Sie atmen ein, Sie atmen aus … 2 … eine Stufe tiefer …
Sie atmen ein, Sie atmen aus … 1 … eine Stufe tiefer …
Sie atmen ein, Sie atmen aus … 0 … eine Stufe tiefer …

Sie sind ganz ruhig und entspannt …

Jetzt sind Sie am Ende der Treppe angekommen und stehen vor einem Lift …
Drücken Sie den Knopf … die Tür öffnet sich …
Betreten Sie voller Vertrauen und Zuversicht den Lift …
Drücken Sie auf den Knopf für die unterste Etage … die Tür schließt sich …
Sie fahren mit dem Lift in das unterste Geschoss …
Sie sind jetzt ganz unten angekommen …

Sie fühlen sich sicher und geborgen …

Die Lifttür öffnet sich …
Sie verlassen den Lift und betreten Ihre sichere innere Welt …

Sie spüren das weiche Gras unter Ihren Füßen …

Sie erblicken den klaren, blauen Himmel und nehmen die frische Luft wahr …
Sie hören die Vögel zwitschern …
Sie erfreuen sich an den bunten Blumen und den tanzenden Schmetterlingen …
Die wärmenden Sonnenstrahlen sind eine Wohltat auf Ihrer Haut …
Die sanfte Brise berührt Ihr Haar …

Sie fühlen sich sicher und geborgen …
Sie sind zu Hause angekommen …
Gehen Sie nun ein paar Schritte …
Genießen Sie die Freiheit und die Harmonie …

Jetzt entdecken Sie einen Wegweiser mit vier Schildern …
Dieser Wegweiser führt Sie zu Ihren Kraftorten »Quelle«, »Meer«, »Baum«, »Meisterin« …

Entscheiden Sie sich jetzt für das »Meer« …
Folgen Sie dem Wegweiser in Richtung des Meeres …
Schon von Weitem hören Sie das Rauschen der Wellen …
Jetzt erblicken Sie das tiefblaue Wasser …
Nehmen Sie den feinen, warmen Sandstrand unter Ihren Füßen wahr …
Sie entdecken eine Klippe … Sie begeben sich dorthin …
Nehmen Sie Platz … machen Sie es sich bequem …
Lassen Sie Ihren Blick über das offene Meer schweifen …

Verbinden Sie sich körperlich mit dem grenzenlosen weiten Meer …

Nehmen Sie Stärke und Klarheit wahr …

Verbinden Sie sich gefühlsmäßig mit dem grenzenlosen weiten Meer …
Nehmen Sie Leichtigkeit und Vertrauen wahr …

Verbinden Sie sich geistig mit dem grenzenlosen
weiten Meer …
Nehmen Sie Freiheit und unendliches Potenzial wahr …

Sie sind stark und klar …
Sie fühlen sich leicht und voller Vertrauen …
Sie sind frei, und alles ist möglich …
Ihr Potenzial ist weit, grenzenlos, unendlich …

Verweilen Sie in diesem offenen Gewahrsein,
so lange Sie mögen …

Lösen Sie sich jetzt gedanklich von Ihrem inneren Bild …
Erhalten Sie die heilsame, positive und förderliche Energie aufrecht …
Gehen Sie denselben Weg zurück, den Sie gekommen sind …
Sie stehen jetzt wieder vor dem Lift, der Sie nach oben zur Treppe bringt …
Drücken Sie den Knopf … die Tür öffnet sich …
Betreten Sie voller Leichtigkeit und innerem Frieden den Lift …
Drücken Sie den Knopf für die oberste Etage … die Tür schließt sich …
Sie fahren mit dem Lift in das oberste Geschoss …
Sie sind jetzt ganz oben angekommen …

Vor Ihnen liegt die Treppe, die Sie in die äußere Welt zurückbringt …

Verbinden Sie sich bewusst mit Ihrer Atmung …
Sie atmen ein, Sie atmen aus … 1 … und steigen eine Stufe höher…
Sie atmen ein, Sie atmen aus … 2 … und steigen eine Stufe höher …
Sie atmen ein, Sie atmen aus … 3 … und steigen eine Stufe höher …
Sie atmen ein, Sie atmen aus … 4 … und steigen eine Stufe höher …
Sie atmen ein, Sie atmen aus … 5 … und steigen eine Stufe höher …
Sie atmen ein, Sie atmen aus … 6 … und steigen eine Stufe höher …
Sie atmen ein, Sie atmen aus … 7 … und steigen eine Stufe höher …
Sie atmen ein, Sie atmen aus … 8 … und steigen eine Stufe höher …
Sie atmen ein, Sie atmen aus … 9 … und steigen eine Stufe höher …
Sie atmen ein, Sie atmen aus … 10 … und steigen eine Stufe höher …

Jetzt sind Sie ganz oben am Anfang der Treppe ankommen …
Sie fühlen sich frei und glücklich …
Sie sind wieder in der äußeren Welt …

Lenken Sie Ihre Aufmerksamkeit nach außen …
Aktivieren Sie Ihren Körper … bewegen Sie sanft die Hände und Füße …
Öffnen Sie Ihre Augen …
Recken und strecken Sie sich …
Wenn Sie gähnen müssen, tun Sie es …
Lächeln Sie …

Ihre innere Reise ist beendet …

Reise zur QUELLE

Nehmen Sie jetzt Ihre bevorzugte Haltung im Sitzen oder Liegen ein. Schließen Sie die Augen, entspannen Sie Ihr Gesicht, und kommen Sie körperlich und geistig zur Ruhe …

Atmen Sie drei Mal ganz bewusst und hörbar tief durch die Nase ein und durch den Mund aus. Lassen Sie mit dem ersten Atemzug alles los, was Sie körperlich belastet. Atmen Sie tief ein und aus … Lassen Sie los …

Lassen Sie mit dem zweiten Atemzug alles los, was Sie gefühlsmäßig, emotional belastet. Atmen Sie tief ein und aus … Lassen Sie los …

Lassen Sie mit dem dritten Atemzug alles los, was Sie gedanklich, mental belastet. Atmen Sie tief ein und aus … Lassen Sie los …

Verbinden Sie sich jetzt wieder mit Ihrer ganz natürlichen Atmung. Atmen Sie ruhig und leicht durch die Nase ein und aus …

Lenken Sie Ihren Fokus auf den Punkt zwischen den Augenbrauen. Hier finden Ihre Visualisierungen statt, hier lassen Sie Ihre inneren Bilder entstehen …

Stellen Sie sich jetzt mithilfe dieses Punktes eine große Treppe mit zehn Stufen vor. Sie stehen ganz oben. Jedes Mal, wenn Sie ausatmen, steigen Sie gedanklich eine Stufe hinab und zählen im Geiste eine Zahl zurück …

Sie atmen ein, Sie atmen aus … 9 … eine Stufe tiefer …
Sie atmen ein, Sie atmen aus … 8 … eine Stufe tiefer …
Sie atmen ein, Sie atmen aus … 7 … eine Stufe tiefer …
Sie atmen ein, Sie atmen aus … 6 … eine Stufe tiefer …
Sie atmen ein, Sie atmen aus … 5 … eine Stufe tiefer …
Sie atmen ein, Sie atmen aus … 4 … eine Stufe tiefer …
Sie atmen ein, Sie atmen aus … 3 … eine Stufe tiefer …
Sie atmen ein, Sie atmen aus … 2 … eine Stufe tiefer …
Sie atmen ein, Sie atmen aus … 1 … eine Stufe tiefer …
Sie atmen ein, Sie atmen aus … 0 … eine Stufe tiefer …

Sie sind ganz ruhig und entspannt …

Jetzt sind Sie am Ende der Treppe angekommen und stehen vor einem Lift …
Drücken Sie den Knopf … die Tür öffnet sich …
Betreten Sie voller Vertrauen und Zuversicht den Lift …
Drücken Sie auf den Knopf für die unterste Etage … die Tür schließt sich …
Sie fahren mit dem Lift in das unterste Geschoss …
Sie sind jetzt ganz unten angekommen …

Sie fühlen sich sicher und geborgen …

Die Lifttür öffnet sich …
Sie verlassen den Lift und betreten Ihre sichere innere Welt …

Sie spüren das weiche Gras unter Ihren Füßen …
Sie erblicken den klaren, blauen Himmel und nehmen die frische Luft wahr …
Sie hören die Vögel zwitschern …
Sie erfreuen sich an den bunten Blumen und den tanzenden Schmetterlingen …
Die wärmenden Sonnenstrahlen sind eine Wohltat auf Ihrer Haut …
Die sanfte Brise berührt Ihr Haar …

Sie fühlen sich sicher und geborgen …
Sie sind zu Hause angekommen …
Gehen Sie nun ein paar Schritte …
Genießen Sie die Freiheit und die Harmonie …

Jetzt entdecken Sie einen Wegweiser mit vier Schildern …
Dieser Wegweiser führt Sie zu Ihren Kraftorten »Quelle«, »Meer«, »Baum«, »Meisterin« …

Entscheiden Sie sich jetzt für die »Quelle« …
Folgen Sie dem Wegweiser in Richtung der Quelle …
Ihr Weg führt Sie an einem klaren Fluss entlang …
Nehmen Sie den samtweichen moosigen Untergrund unter Ihren Füßen wahr …
Spüren Sie den sanften Wind in den Bäumen …
Sie hören das Plätschern des Wassers …
Jetzt entdecken Sie die Quelle, die aus einem uralten Felsen hervorsprudelt …
Nehmen Sie die schöne Holzschale, die vor Ihnen auf dem Boden steht, in die Hand …

Füllen Sie die Schale mit dem frischen Wasser, und trinken Sie es schluckweise …
Trinken Sie so viel Wasser, wie Sie möchten …
Nehmen Sie wahr, wie sich mit jedem Schluck Ihre Energie vergrößert …
Blockaden und Verspannungen lösen sich, Ihre Energie fließt …
Sie tanken neue Lebenskraft …
Sie nähren sich mit Urvertrauen …
Sie verbinden sich mit der Quelle Ihres wahren Seins …
Alles fließt …
Sie sind verbunden mit Ihrer ganzen Kraft …
Sie sind in Ihrer ganzen Fülle …
Sie sind mutig und stark …
Sie sind im Fluss Ihres Lebens …
Alles fließt …

Verweilen Sie in diesem offenen Gewahrsein, so lange Sie mögen …

Lösen Sie sich jetzt gedanklich von Ihrem inneren Bild …
Erhalten Sie die heilsame, positive und förderliche Energie aufrecht …
Gehen Sie denselben Weg zurück, den Sie gekommen sind …
Sie stehen jetzt wieder vor dem Lift, der Sie nach oben zur Treppe bringt …
Drücken Sie den Knopf … die Tür öffnet sich …
Betreten Sie voller Leichtigkeit und innerem Frieden den Lift …
Drücken Sie den Knopf für die oberste Etage … die Tür schließt sich …

Sie fahren mit dem Lift in das oberste Geschoss …
Sie sind jetzt ganz oben angekommen …
Vor Ihnen liegt die Treppe, die Sie in die äußere Welt zurückbringt …

Verbinden Sie sich bewusst mit Ihrer Atmung …
Sie atmen ein, Sie atmen aus … 1 … und steigen eine Stufe höher…
Sie atmen ein, Sie atmen aus … 2 … und steigen eine Stufe höher …
Sie atmen ein, Sie atmen aus … 3 … und steigen eine Stufe höher …
Sie atmen ein, Sie atmen aus … 4 … und steigen eine Stufe höher …
Sie atmen ein, Sie atmen aus … 5 … und steigen eine Stufe höher …
Sie atmen ein, Sie atmen aus … 6 … und steigen eine Stufe höher …
Sie atmen ein, Sie atmen aus … 7 … und steigen eine Stufe höher …
Sie atmen ein, Sie atmen aus … 8 … und steigen eine Stufe höher …
Sie atmen ein, Sie atmen aus … 9 … und steigen eine Stufe höher …
Sie atmen ein, Sie atmen aus … 10 … und steigen eine Stufe höher …

Jetzt sind Sie ganz oben am Anfang der Treppe ankommen …
Sie fühlen sich frei und glücklich …
Sie sind wieder in der äußeren Welt …

Lenken Sie Ihre Aufmerksamkeit nach außen …
Aktivieren Sie Ihren Körper … bewegen Sie sanft die Hände und Füße …
Öffnen Sie Ihre Augen …
Recken und strecken Sie sich …
Wenn Sie gähnen müssen, tun Sie es …
Lächeln Sie …

Ihre innere Reise ist beendet …

Reise zum BAUM

Nehmen Sie jetzt Ihre bevorzugte Haltung im Sitzen oder Liegen ein. Schließen Sie die Augen, entspannen Sie Ihr Gesicht, und kommen Sie körperlich und geistig zur Ruhe …

Atmen Sie drei Mal ganz bewusst und hörbar tief durch die Nase ein und durch den Mund aus. Lassen Sie mit dem ersten Atemzug alles los, was Sie körperlich belastet. Atmen Sie tief ein und aus … Lassen Sie los …

Lassen Sie mit dem zweiten Atemzug alles los, was Sie gefühlsmäßig, emotional belastet. Atmen Sie tief ein und aus … Lassen Sie los …

Lassen Sie mit dem dritten Atemzug alles los, was Sie gedanklich, mental belastet. Atmen Sie tief ein und aus … Lassen Sie los …

Verbinden Sie sich jetzt wieder mit Ihrer ganz natürlichen Atmung. Atmen Sie ruhig und leicht durch die Nase ein und aus …

Lenken Sie Ihren Fokus auf den Punkt zwischen den Augenbrauen. Hier finden Ihre Visualisierungen statt, hier lassen Sie Ihre inneren Bilder entstehen …

Stellen Sie sich jetzt mithilfe dieses Punktes eine große Treppe mit zehn Stufen vor. Sie stehen ganz oben. Jedes Mal, wenn Sie ausatmen, steigen Sie gedanklich eine Stufe hinab und zählen im Geiste eine Zahl zurück …

Sie atmen ein, Sie atmen aus … 9 … eine Stufe tiefer …
Sie atmen ein, Sie atmen aus … 8 … eine Stufe tiefer …
Sie atmen ein, Sie atmen aus … 7 … eine Stufe tiefer …
Sie atmen ein, Sie atmen aus … 6 … eine Stufe tiefer …
Sie atmen ein, Sie atmen aus … 5 … eine Stufe tiefer …
Sie atmen ein, Sie atmen aus … 4 … eine Stufe tiefer …
Sie atmen ein, Sie atmen aus … 3 … eine Stufe tiefer …
Sie atmen ein, Sie atmen aus … 2 … eine Stufe tiefer …
Sie atmen ein, Sie atmen aus … 1 … eine Stufe tiefer …
Sie atmen ein, Sie atmen aus … 0 … eine Stufe tiefer …

Sie sind ganz ruhig und entspannt …

Jetzt sind Sie am Ende der Treppe angekommen und stehen vor einem Lift …
Drücken Sie den Knopf … die Tür öffnet sich …
Betreten Sie voller Vertrauen und Zuversicht den Lift …
Drücken Sie auf den Knopf für die unterste Etage … die Tür schließt sich …
Sie fahren mit dem Lift in das unterste Geschoss …
Sie sind jetzt ganz unten angekommen …

Sie fühlen sich sicher und geborgen …

Die Lifttür öffnet sich …
Sie verlassen den Lift und betreten Ihre sichere innere Welt …

Sie spüren das weiche Gras unter Ihren Füßen …
Sie erblicken den klaren, blauen Himmel und nehmen die frische Luft wahr …
Sie hören die Vögel zwitschern …
Sie erfreuen sich an den bunten Blumen und den tanzenden Schmetterlingen …
Die wärmenden Sonnenstrahlen sind eine Wohltat auf Ihrer Haut …
Die sanfte Brise berührt Ihr Haar …

Sie fühlen sich sicher und geborgen …
Sie sind zu Hause angekommen …
Gehen Sie nun ein paar Schritte …
Genießen Sie die Freiheit und die Harmonie …

Jetzt entdecken Sie einen Wegweiser mit vier Schildern …
Dieser Wegweiser führt Sie zu Ihren Kraftorten »Quelle«, »Meer«, »Baum«, »Meisterin« …

Entscheiden Sie sich jetzt für den »Baum« …
Folgen Sie dem Wegweiser in Richtung des Baumes …
Nehmen Sie die blühenden Blumen und die üppigen Felder wahr …
Inmitten dieser Pracht führt Ihr Weg Sie auf eine offene, große Wiese …
Hier steht ein stattlicher, starker Baum … Ihr Lieblingsbaum …
Setzen Sie sich zu ihm …
Lehnen Sie sich an …
Spüren Sie die Verbindung zu Ihrem Baum …

Verbinden Sie sich mit seinen Wurzeln …
Nehmen Sie Sicherheit, Erdung und Stabilität wahr …

Verbinden Sie sich mit seinem Stamm …
Nehmen Sie Ihre starke innere Mitte wahr …

Verbinden Sie sich mit seinen Ästen …
Nehmen Sie Leichtigkeit, Offenheit und Freiheit wahr …

Sie sind voller Vertrauen …
Sie sind furchtlos, sicher und stark …
Sie sind in Harmonie …
Sie fühlen sich frei …
Ihr Geist ist offen und weit …
Sie sind verbunden mit Ihrer ganzen Kraft …
Sie denken, fühlen und leben aus der Fülle Ihres Seins …

Verweilen Sie in diesem offenen Gewahrsein, so lange Sie mögen …

Lösen Sie sich jetzt gedanklich von Ihrem inneren Bild …
Erhalten Sie die heilsame, positive und förderliche Energie aufrecht …
Gehen Sie denselben Weg zurück, den Sie gekommen sind …
Sie stehen jetzt wieder vor dem Lift, der Sie nach oben zur Treppe bringt …
Drücken Sie den Knopf … die Tür öffnet sich …
Betreten Sie voller Leichtigkeit und innerem Frieden den Lift …
Drücken Sie den Knopf für die oberste Etage … die Tür schließt sich …

Sie fahren mit dem Lift in das oberste Geschoss …
Sie sind jetzt ganz oben angekommen …
Vor Ihnen liegt die Treppe, die Sie in die äußere Welt zurückbringt …

Verbinden Sie sich bewusst mit Ihrer Atmung …
Sie atmen ein, Sie atmen aus … 1 … und steigen eine Stufe höher…
Sie atmen ein, Sie atmen aus … 2 … und steigen eine Stufe höher …
Sie atmen ein, Sie atmen aus … 3 … und steigen eine Stufe höher …
Sie atmen ein, Sie atmen aus … 4 … und steigen eine Stufe höher …
Sie atmen ein, Sie atmen aus … 5 … und steigen eine Stufe höher …
Sie atmen ein, Sie atmen aus … 6 … und steigen eine Stufe höher …
Sie atmen ein, Sie atmen aus … 7 … und steigen eine Stufe höher …
Sie atmen ein, Sie atmen aus … 8 … und steigen eine Stufe höher …
Sie atmen ein, Sie atmen aus … 9 … und steigen eine Stufe höher …
Sie atmen ein, Sie atmen aus … 10 … und steigen eine Stufe höher …

Jetzt sind Sie ganz oben am Anfang der Treppe ankommen …
Sie fühlen sich frei und glücklich …
Sie sind wieder in der äußeren Welt …

Lenken Sie Ihre Aufmerksamkeit nach außen …
Aktivieren Sie Ihren Körper … bewegen Sie sanft die Hände und Füße …
Öffnen Sie Ihre Augen …
Recken und strecken Sie sich …
Wenn Sie gähnen müssen, tun Sie es …
Lächeln Sie …

Ihre innere Reise ist beendet …

Reise zur MEISTERIN

Nehmen Sie jetzt Ihre bevorzugte Haltung im Sitzen oder Liegen ein. Schließen Sie die Augen, entspannen Sie Ihr Gesicht, und kommen Sie körperlich und geistig zur Ruhe …

Atmen Sie drei Mal ganz bewusst und hörbar tief durch die Nase ein und durch den Mund aus. Lassen Sie mit dem ersten Atemzug alles los, was Sie körperlich belastet. Atmen Sie tief ein und aus … Lassen Sie los …

Lassen Sie mit dem zweiten Atemzug alles los, was Sie gefühlsmäßig, emotional belastet. Atmen Sie tief ein und aus … Lassen Sie los …

Lassen Sie mit dem dritten Atemzug alles los, was Sie gedanklich, mental belastet. Atmen Sie tief ein und aus … Lassen Sie los …

Verbinden Sie sich jetzt wieder mit Ihrer ganz natürlichen Atmung. Atmen Sie ruhig und leicht durch die Nase ein und aus …

Lenken Sie Ihren Fokus auf den Punkt zwischen den Augenbrauen. Hier finden Ihre Visualisierungen statt, hier lassen Sie Ihre inneren Bilder entstehen …

Stellen Sie sich jetzt mithilfe dieses Punktes eine große Treppe mit zehn Stufen vor. Sie stehen ganz oben. Jedes Mal, wenn Sie ausatmen, steigen Sie gedanklich eine Stufe hinab und zählen im Geiste eine Zahl zurück …

Sie atmen ein, Sie atmen aus … 9 … eine Stufe tiefer …
Sie atmen ein, Sie atmen aus … 8 … eine Stufe tiefer …
Sie atmen ein, Sie atmen aus … 7 … eine Stufe tiefer …
Sie atmen ein, Sie atmen aus … 6 … eine Stufe tiefer …
Sie atmen ein, Sie atmen aus … 5 … eine Stufe tiefer …
Sie atmen ein, Sie atmen aus … 4 … eine Stufe tiefer …
Sie atmen ein, Sie atmen aus … 3 … eine Stufe tiefer …
Sie atmen ein, Sie atmen aus … 2 … eine Stufe tiefer …
Sie atmen ein, Sie atmen aus … 1 … eine Stufe tiefer …
Sie atmen ein, Sie atmen aus … 0 … eine Stufe tiefer …

Sie sind ganz ruhig und entspannt …

Jetzt sind Sie am Ende der Treppe angekommen und stehen vor einem Lift …
Drücken Sie den Knopf … die Tür öffnet sich …
Betreten Sie voller Vertrauen und Zuversicht den Lift …
Drücken Sie auf den Knopf für die unterste Etage … die Tür schließt sich …
Sie fahren mit dem Lift in das unterste Geschoss …
Sie sind jetzt ganz unten angekommen …

Sie fühlen sich sicher und geborgen …

Die Lifttür öffnet sich …
Sie verlassen den Lift und betreten Ihre sichere innere Welt …

Sie spüren das weiche Gras unter Ihren Füßen …
Sie erblicken den klaren, blauen Himmel und nehmen die frische Luft wahr …
Sie hören die Vögel zwitschern …
Sie erfreuen sich an den bunten Blumen und den tanzenden Schmetterlingen …
Die wärmenden Sonnenstrahlen sind eine Wohltat auf Ihrer Haut …
Die sanfte Brise berührt Ihr Haar …

Sie fühlen sich sicher und geboren …
Sie sind zu Hause angekommen …
Gehen Sie nun ein paar Schritte …
Genießen Sie die Freiheit und die Harmonie …

Jetzt entdecken Sie einen Wegweiser mit vier Schildern …
Dieser Wegweiser führt Sie zu Ihren Kraftorten »Quelle«, »Meer«, »Baum«, »Meisterin« …

Entscheiden Sie sich jetzt für die »Meisterin« …
Folgen Sie dem Wegweiser in Richtung Ihrer Meisterin …
Ihr Weg führt Sie an einen stillen, ruhigen See …
Sie entdecken eine Brücke, die Sie auf die andere Seite des Sees bringt …
Sie überqueren die sichere Brücke …
Unter Ihnen schwimmen weiße Schwäne …
Über Ihnen ziehen Möwen ihre Kreise …
Sie sind am anderen Ufer angekommen und entdecken eine Holzbank …
Die Meisterin wartet dort bereits auf Sie …

Sie lächelt Sie an …
Sie erwidern das Lächeln und nehmen auf der bequemen Bank Platz …
Sie sind sich sehr vertraut, Sie kennen sich gut …
Die Meisterin weiß alles über Sie …
Sie ist Ihre persönliche Ratgeberin …
Sie ist wohlwollend, mitfühlend, klar und direkt …
Stellen Sie der Meisterin jetzt eine Frage, auf die Sie eine Antwort haben möchten …
Öffnen Sie Ihren Geist …
Hören Sie mit Ihrem Herzen …
Wenn Sie nicht sicher sind, ob Sie die Antwort richtig verstanden haben, dann fragen Sie nach …

Erlauben Sie sich selbst, sich für den richtigen Weg zu öffnen …
Hören Sie auf Ihre innere Stimme …
Vertrauen Sie auf Ihre Intuition …
Lassen Sie sich von Ihrer inneren Kraft leiten …
Verbinden Sie sich mit Ihrem inneren edlen Kern, der alles weiß und alles kann …
Verbinden Sie sich mit Ihrem Überbewusstsein, Ihrem höheren Selbst …
Genießen Sie die Ruhe und Klarheit …
Erkennen Sie Ihre Stärke und Kraft …
Öffnen Sie sich für die allumfassende Weisheit …

Verweilen Sie in diesem offenen Gewahrsein, so lange Sie mögen …

Lösen Sie sich jetzt gedanklich von Ihrem inneren Bild …
Erhalten Sie die heilsame, positive und förderliche Energie aufrecht …
Gehen Sie denselben Weg zurück, den Sie gekommen sind …
Sie stehen jetzt wieder vor dem Lift, der Sie nach oben zur Treppe bringt …
Drücken Sie den Knopf … die Tür öffnet sich …
Betreten Sie voller Leichtigkeit und innerem Frieden den Lift …
Drücken Sie den Knopf für die oberste Etage … die Tür schließt sich …
Sie fahren mit dem Lift in das oberste Geschoss …
Sie sind jetzt ganz oben angekommen …
Vor Ihnen liegt die Treppe, die Sie in die äußere Welt zurückbringt …

Verbinden Sie sich bewusst mit Ihrer Atmung …

Sie atmen ein, Sie atmen aus … 1 … und steigen eine Stufe höher…
Sie atmen ein, Sie atmen aus … 2 … und steigen eine Stufe höher …
Sie atmen ein, Sie atmen aus … 3 … und steigen eine Stufe höher …
Sie atmen ein, Sie atmen aus … 4 … und steigen eine Stufe höher …
Sie atmen ein, Sie atmen aus … 5 … und steigen eine Stufe höher …
Sie atmen ein, Sie atmen aus … 6 … und steigen eine Stufe höher …
Sie atmen ein, Sie atmen aus … 7 … und steigen eine Stufe höher …
Sie atmen ein, Sie atmen aus … 8 … und steigen eine Stufe höher …
Sie atmen ein, Sie atmen aus … 9 … und steigen eine Stufe höher …
Sie atmen ein, Sie atmen aus … 10 … und steigen eine Stufe höher …

Jetzt sind Sie ganz oben am Anfang der Treppe ankommen …
Sie fühlen sich frei und glücklich …
Sie sind wieder in der äußeren Welt …
Lenken Sie Ihre Aufmerksamkeit nach außen …
Aktivieren Sie Ihren Körper … bewegen Sie sanft die Hände und Füße …
Öffnen Sie Ihre Augen …
Recken und strecken Sie sich …
Wenn Sie gähnen müssen, tun Sie es …
Lächeln Sie …

Ihre innere Reise ist beendet …

Ihr

Erste-Hilfe-Set

Wenn Sie von einem Angstgefühl überrollt werden oder wahrnehmen, dass es Ihnen nicht gut geht, machen Sie diese Übungen als Erste Hilfe. Alle Übungen schenken Ihnen mehr innere Gelassenheit, Vertrauen, Sicherheit, Mut und Zuversicht. Allein das Wissen, dass Sie Ihren Gefühlen nicht machtlos ausgeliefert sind, sondern im Notfall einige wertvolle Sofortmaßnahmen zur Hand haben, wird Ihnen guttun und Ihnen Sicherheit geben. Ich unterteile diese Übungen in einen bewegten und einen stillen Teil. Probieren Sie am besten alle Sets erst einmal aus, und finden Sie Ihre Favoriten. Lassen Sie sich Zeit beim Erlernen. Üben Sie immer ganz leicht, also ungezwungen und mit viel Freude. Sie wissen am besten, was Sie bei einer Angstattacke benötigen. Außerdem empfehle ich Ihnen, dass Sie alle Übungen in regelmäßigen Abständen immer wieder praktizieren und auch gerade dann, wenn Sie sich sicher und gut fühlen. Es ist wichtig, dass Sie ein Gespür für den Ablauf bekommen, damit Sie im Ernstfall nicht lange überlegen müssen, sondern sofort handeln können. Sie können selbstverständlich jede Übung auch isoliert, also einzeln üben. Ich habe Ihnen aber bereits ein paar Sets zusammengestellt, die ihre Wirkung, Sie zu innerer Ruhe und Klarheit zurückzuführen, bestimmt nicht verfehlen werden.

Bewegte Übungen

ÜBUNGSABLAUF IM ÜBERBLICK

- Grimasse ziehen
- Nacken reiben
- Schultern klopfen
- Thymusdrüse klopfen
- Bauch reiben

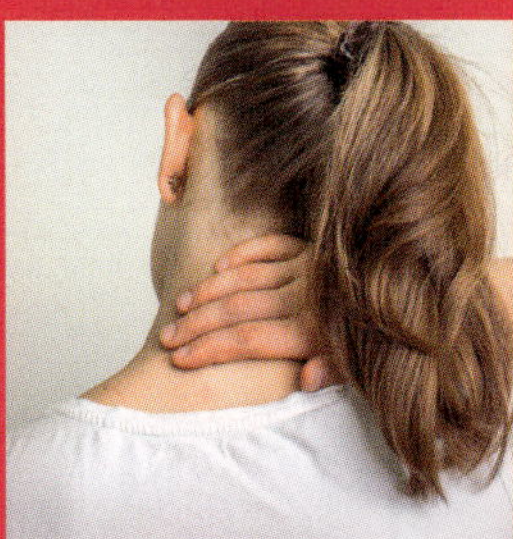

SET 1: »Der Heiler«

Ängste manifestieren sich in spezifischen Regionen des Körpers. Oft sind gerade das Gesicht, der Nacken, die Schultern, der Brustbereich oder der Bauch von Blockaden betroffen. Dies zeigt sich in Form von Spannungen, einem beklemmenden Gefühl, Schmerzen, Steifheit, Unruhe etc. Die Übungsreihe »Der Heiler« schenkt Ihnen Leichtigkeit, Entspannung und innere Ruhe.

- Sie können diese Übungen im Sitzen oder Stehen ausführen. Atmen Sie tief ein, und spannen Sie alle Gesichtsmuskeln an. Ziehen Sie eine Grimasse. Halten Sie diese Position so lange wie möglich, atmen Sie danach möglichst bewusst und lange aus. Wiederholen Sie die Grimasse mindestens 3 Mal, und versuchen Sie jedes Mal, andere Gesichtszüge zu aktivieren.

- Reiben Sie etwa eine Minute lang mit der flachen Hand Ihren Nacken.

› Klopfen Sie mindestens 21 Mal mit der flachen rechten Hand auf Ihre linke Schulter. Wechseln Sie danach die Seite, und klopfen Sie mindestens 21 Mal mit der flachen linken Hand Ihre rechte Schulter.

› Klopfen Sie mit lockeren Fäusten etwa 1 Minute lang auf die Mitte des Brustbeins, dass eine angenehme Vibration entsteht. Hinter dem Brustbein liegt die Thymusdrüse.

› Reiben Sie zum Abschluss mit beiden Handflächen den gesamten Bauch. Sie können auch einen Kreis beschreiben. Wechseln Sie nach etwa 1 Minute die Drehrichtung.

› Während des ganzen Übungsablaufs fließt Ihre Atmung entspannt und natürlich durch die Nase ein und aus. Spüren Sie noch einen Moment nach.

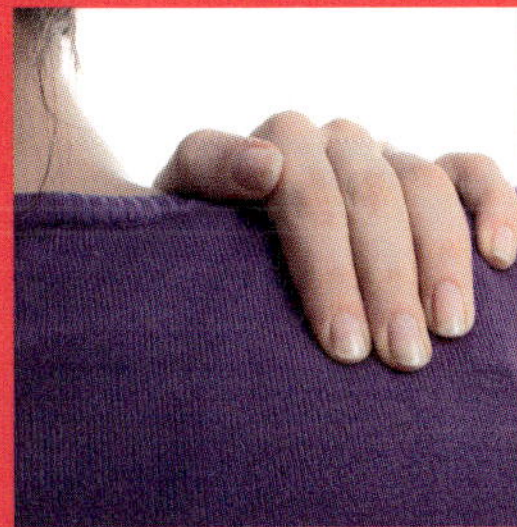

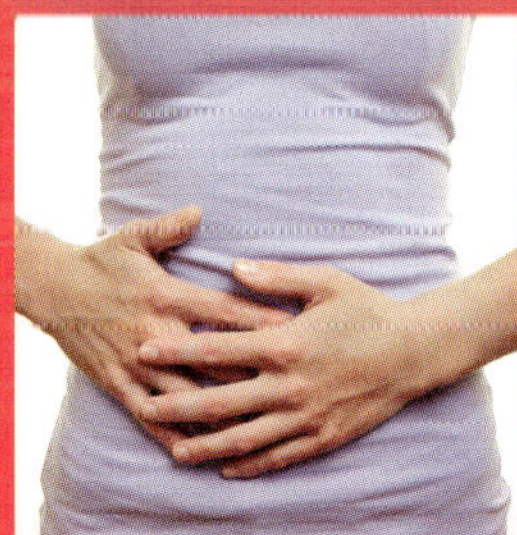

ÜBUNGSABLAUF IM ÜBERBLICK

› Stopp-Position
› Ich-Kann-Haltung
› Sieger-Pose

SET 2: »Der Sieger«

Angst kann sprichwörtlich klein machen. Eine kraftvolle Körpersprache ist im Umgang mit Angst sehr wichtig. Diese drei Gesten wirken motivierend und schenken Ihnen innere Stärke, Furchtlosigkeit und Lebensfreude.

› Sie können diese Übungsreihe im Sitzen oder Stehen ausführen. Strecken Sie beide Arme horizontal nach vorn aus. Die Handflächen zeigen nach vorn und Ihre Finger nach oben. Halten Sie diese Position etwa 2 Minuten lang. Wiederholen Sie gedanklich beim Einatmen das Wort »furchtlos« und beim Ausatmen das Wort »stark«. Entspannen Sie danach die Arme neben Ihrem Körper.

› Nehmen Sie die Arme erneut hoch, und machen Sie lockere Fäuste. Die Daumen zeigen nach oben. Atmen Sie etwa 2 Minuten lang ganz entspannt und natürlich durch die Nase ein und aus. Gedanklich können Sie dabei »Ich kann! Ich kann! Ich kann! …« wiederholen. Entspannen Sie die Arme wieder neben Ihrem Körper.

› Nehmen Sie die Arme ein letztes Mal hoch, und halten Sie sie gestreckt in einem V über Ihrem Kopf. Machen Sie wieder lockere Fäuste. Weiten Sie den Brustkorb, und lächeln Sie. Atmen Sie ganz entspannt und natürlich durch die Nase ein und aus. Halten Sie den »Sieger« mindestens 2–3 Minuten lang.

› Entspannen Sie die Arme, und spüren Sie einen Moment nach.

ÜBUNGSABLAUF IM ÜBERBLICK

- Held II
- Held I
- Held III

Set 3: »Der Held«

Angst hat die Macht, uns zu entwurzeln und zu destabilisieren. Dieses kraftvolle Übungsset wirkt erdend und zentrierend. Die drei Übungen schenken Ihnen Energie, Stabilität, Mut, Durchsetzungsvermögen, Zielstrebigkeit und Selbstbewusstsein.

- Tragen Sie bequeme Kleidung, und achten Sie auf eine stabile und rutschfeste Unterlage, auf der Sie diese Sequenz praktizieren. Halten Sie die jeweilige Position für 5–7 Atemzüge. Ihr Atem fließt dabei ganz frei, natürlich und entspannt durch die Nase ein und aus. Ihre Gesichtszüge bleiben entspannt. Konzentrieren Sie sich ganz auf die jeweilige Übung, und lassen Sie Ihre Gedanken wie Wolken am Himmel vorbeiziehen. Aufgrund der Ausrichtung der Hüfte, die beim Held I und III dieselbe ist, starten Sie ganz bewusst mit dem Held II. Sie können jede Position zuerst mit dem rechten und danach mit dem linken Bein ausführen, oder aber Sie gleiten von einer Held-Position in die nächste und wechseln das Bein erst, nachdem Sie alle 3 Positionen praktiziert haben.

Nachfolgend erkläre ich Ihnen den Ablauf, ohne dass Sie in jeweils auch auf der anderen Seite durchführen.

Held II

› Gehen Sie in einen weiten Ausfallschritt. Der vordere rechte Fuß ist gerade nach vorn ausgerichtet. Das Knie steht über dem Fußgelenk, das Schienbein bildet eine Senkrechte. Ihr Oberschenkel sollte so weit wie möglich parallel zum Boden sein. Das hintere linke Bein ist gestreckt, und der Fuß ist 90° geöffnet oder minimal eingedreht. Die Fersen bilden eine Linie. Drehen Sie die Hüfte nach außen, d. h., der Bauchnabel zeigt zur linken Seite. Halten Sie den Oberkörper aufrecht, und strecken Sie Ihre Arme auf Schulterhöhe seitwärts nach vorn und hinten aus. Die Handflächen zeigen nach unten. Versuchen Sie, die Schultern möglichst zu entspannen und den Nacken lang zu lassen. Blicken Sie über die vordere, rechte Hand.

Held I

› Entspannen Sie jetzt Ihre Arme, und drehen Sie Ihren Oberkörper aus der Hüfte heraus nach vorn zum gebeugten, rechten Bein. Versetzen Sie den

TIPP 1
Wenn es Ihnen schwerfällt, die Arme beim Held I und III anzuheben, können Sie Ihre Hände auch seitlich in der Taille abstützen.

TIPP 2
Wenn Sie zu Beginn Ihrer Praxis Mühe haben, das Gleichgewicht im Held III zu halten, stützen Sie die Hände oder die hintere Fußsohle an einer Wand ab.

hinteren linken Fuß etwas nach außen, wenn Sie das Gefühl haben, nicht stabil und sicher zu stehen, und drehen Sie den Fuß 45–60° nach vorn. Der Bauchnabel zeigt nach vorn. Verlängern Sie Ihren Körper mit den Armen nach oben, die Handflächen zeigen dabei zueinander oder nach vorn. Blicken Sie entweder gerade nach vorn oder sanft nach oben. Lassen Sie Ihren Nacken wieder lang.

Held III

- Verlagern Sie nun Ihr Gewicht behutsam nach vorn, und heben Sie Ihr hinteres, linkes Bein vom Boden ab. Strecken Sie das rechte Bein, und senken Sie den Oberkörper parallel zum Boden. Der Bauchnabel zeigt jetzt nach unten, und die Kopfkrone schiebt sich nach vorn. Der Nacken bleibt wieder lang. Ihr Blick ist zum Boden gerichtet, und beide Beine und Arme sind gestreckt. Halten Sie das Becken möglichst waagerecht.
- Spüren Sie einen Moment nach, und wechseln Sie dann das Bein für alle 3 Positionen.

»
Überwinde
die Trägheit, und gib alle deine
Erwartungen auf. Habe den Mut,
immer wieder von vorn zu
BEGINNEN.
«

ÜBUNGSABLAUF IM ÜBERBLICK

- Loslass-Atmung
- Friedens-Geste
- Symbol der Stärke
- Lächel-Übung

Stille Übungen

Set 1: »Der Mentalist«

Angst kann uns verwirren, unsicher und unruhig machen. Sie haben die Macht, sich selbst positiv zu verändern und zu beeinflussen. Die stärkste Kraft liegt in Ihnen, in Ihrem Kopf, in Ihrem Geist und in Ihren Gedanken. Diese Übung hilft Ihnen, loszulassen, und lenkt Ihren Fokus nach innen. Sie verbindet Sie mit Ihrem edlen Kern und schenkt Ihnen Zuversicht, innere Ruhe und friedvolle Energie.

- Sie können diese Übung sowohl im Stehen als auch im Sitzen ausführen. Achten Sie darauf, dass Sie 20–30 Minuten lang ungestört sind. Schließen Sie Ihre Augen, und richten Sie Ihren Fokus auf Ihre ganz natürliche Atmung. Verbinden Sie sich körperlich und geistig mit der Atmung, und beobachten Sie sie, ohne etwas zu bewerten. Lenken Sie nun die Aufmerksamkeit auf die Ausatmung. Lassen Sie ganz bewusst los. Versuchen Sie mit der Zeit, doppelt so lange auszuatmen, wie Sie eingeatmet haben. Sie können das intuitiv machen oder in Gedanken mitzählen. Verweilen Sie etwa 5 Minuten in dieser Übung.

› Kreuzen Sie nun Ihre Unterarme, und legen Sie die Arme und Handflächen auf Ihre Brust. Wiederholen Sie gedanklich beim Einatmen das Wort »friedvoll« und beim Ausatmen »ruhig«. Bleiben Sie mindestens 5 Minuten in der »Friedens-Geste«, und entspannen Sie danach Ihre Arme.

› Richten Sie Ihre Konzentration auf den Punkt zwischen den Augenbrauen. Stellen Sie sich nun ein Bild vor, das Ihnen das Gefühl von Sicherheit, Vertrauen, Stärke, Kraft und Furchtlosigkeit vermittelt. Das kann ein Tier, ein Symbol oder ein Mensch sein. Versuchen Sie, wahrzunehmen, wie auch Sie stark und furchtlos werden. Lösen Sie sich dann allmählich von Ihrem Bild, halten Sie aber die heilsame Energie aufrecht. Verweilen Sie etwa 5 Minuten lang in dieser geistigen Ausrichtung.

- Lächeln Sie jetzt ganz bewusst. Dabei spielt es keine Rolle, ob Ihnen tatsächlich zum Lächeln zumute ist, die positive Wirkung ist trotzdem garantiert. Nehmen Sie wahr, wie sich Ihre Gesichtszüge entspannen. Spüren Sie Freude, Leichtigkeit und Freiheit, die sich körperlich und geistig bemerkbar machen. Bleiben Sie auch in dieser positiven Ausrichtung mindestens 5 Minuten lang.

- Spüren Sie wieder einen Moment nach.

SET 2: »Der Guru«

Angst kann uns den Atem und die Energie rauben oder unsere Stimme versagen lassen. Diese schöne Übungsserie stärkt Ihre innere Mitte. Sie löst Blockaden und schenkt Ihnen tiefen Frieden, Lebenskraft und Urvertrauen.

› Führen Sie die erste Übung im Liegen aus. Am besten legen Sie sich möglichst flach auf den Rücken. Sie können sich ein kleines Kissen unter den Kopf und/oder eine Rolle unter die Knie legen. Spreizen Sie die ausgestreckten Beine, und strecken Sie auch die Arme über Ihrem Kopf so aus, dass ein X entsteht. Schließen Sie die Augen, und verbinden Sie sich mit Ihrer Atmung. Während der gesamten Übung fließt Ihr Atem durch die Nase ein und aus. Atmen Sie zuerst über die ganze Vorderseite Ihres Körpers ein und über die ganze Rückseite Ihres Körpers aus. Verbinden Sie sich beim Ausatmen mit der Erde. Sie nehmen Stabilität und Vertrauen wahr. Verweilen Sie etwa 10 Atemzüge. Danach atmen Sie über die Rückseite ein und über die Vorderseite aus. Verbinden Sie sich beim Aus-

ÜBUNGSABLAUF IM ÜBERBLICK

› Die liegende X
› Energie und Vertrauen
› Mantra rezitieren

atmen mit dem Himmel. Sie nehmen Leichtigkeit und Freiheit wahr. Verweilen Sie etwa 10 Atemzüge. Richten Sie nun Ihren Fokus auf den Bauchnabel. Atmen Sie durch den Bauchnabel ein und aus, und verbinden Sie sich mit Ihrer eigenen Mitte. Nehmen Sie Zentrierung, Kraft und Energie wahr. Verweilen Sie etwa 10 Atemzüge.

› Setzen Sie sich nun stabil und aufrecht hin. Sie können auf einem Stuhl oder auch auf einem Kissen am Boden sitzen. Halten Sie die Augen geschlossen. Legen Sie die Fingerspitzen von Daumen und Zeigefinger beider Hände aneinander, und platzieren Sie die Handrücken auf den Oberschenkeln. Die Handflächen zeigen nach oben. Verbinden Sie sich mit Ihrer natürlichen Atmung, und atmen Sie durch die Nase ein und aus. Wiederholen Sie in Gedanken beim Einatmen das Wort »energievoll« und beim Ausatmen »vertrauen«. Verweilen Sie etwa 5 Minuten in dieser Ausrichtung. Entspannen Sie danach Ihre Hände, oder lassen Sie sie direkt in dieser Position für die nächste Übung.

› Wiederholen Sie zum Abschluss dieses Sets mindestens 21 Mal die folgenden Worte der Kraft: »OM SHANTI SHANTI SHANTI OM«. »Om« ist die Ursilbe bzw. der Urlaut und »shanti« bedeutet »Frieden«. Sie können diese Zeile entweder geistig wiederholen, leise murmeln, sprechen oder singen.

› Verweilen Sie noch einen Moment in der körperlichen und geistigen Stille, und spüren Sie nach.

ÜBUNGSABLAUF IM ÜBERBLICK

- Schhhhh-Laut
- Haaaa-Laut
- Huuuu-Laut
- Sssss-Laut
- Hoooo-Laut
- Hiiii-Laut

Set 3: »Der Taoist«

Angst blockiert die Lebensenergie, Muskeln können sich verkrampfen und die Organfunktion aus der Balance bringen. Die sechs heilenden Laute entgiften und befreien Ihren Körper und Ihren Geist von negativen Spannungen und Blockaden. So kann Ihre Energie wieder frei fließen. »Der Taoist« schenkt Ihnen Urvertrauen, Mut und Lebenskraft und bringt Sie körperlich, emotional und mental wieder in die Harmonie zurück.

- Sie können diese Übung im Sitzen oder im Stehen ausführen. Achten Sie auf eine aufrechte und stabile Haltung. Es ist wichtig, dass Ihr Rücken bzw. Ihre Wirbelsäule gerade ist, damit Sie tief und leicht atmen können. Bei dieser Übung atmen Sie durch die Nase ein und den Mund aus. Achten Sie darauf, dass Sie nicht außer Atem geraten. Bleiben Sie während der gesamten Übung körperlich und geistig ruhig und entspannt. Sie können Ihre Augen schließen oder leicht geöffnet halten. Ich zeige Ihnen zwei Varianten, wie Sie mit den heilenden Laute arbeiten können.

Variante 1

- Zu Beginn ist es sinnvoll, wenn Sie 3–6 Atemzüge lang beim gleichen Laut bleiben, bevor Sie zum nächsten Laut wechseln. Auf diese Weise machen Sie sich besser mit den einzelnen Lauten vertraut.
- Atmen Sie tief ein, und sprechen Sie beim Ausatmen den Laut »Schhhh«. Wiederholen Sie ihn mindestens 3 Mal.
- Atmen Sie tief ein, und sprechen Sie beim Ausatmen den Laut »Haaaa«. Wiederholen Sie ihn mindestens 3 Mal.
- Atmen Sie tief ein, und sprechen Sie beim Ausatmen den Laut »Huuuu«. Wiederholen Sie ihn mindestens 3 Mal.
- Atmen Sie tief ein, und sprechen Sie beim Ausatmen den Laut »Sssss«. Wiederholen Sie ihn mindestens 3 Mal.
- Atmen Sie tief ein, und sprechen Sie beim Ausatmen den Laut »Hoooo«. Wiederholen Sie ihn mindestens 3 Mal.

- Atmen Sie tief ein, und sprechen Sie beim Ausatmen den Laut »Hiiii«. Wiederholen Sie ihn mindestens 3 Mal.
- Verweilen Sie noch einen Moment in der körperlichen und geistigen Stille, und spüren Sie nach.

Variante 2

- Wenn Sie mit den einzelnen Lauten vertraut sind, können Sie alle sechs Laute hintereinander sprechen.
- Atmen Sie tief ein, und sprechen Sie beim Ausatmen den ersten Laut »Schhhh«.
- Atmen Sie tief ein, und sprechen Sie beim Ausatmen den zweiten Laut »Haaaa«.
- Atmen Sie tief ein, und sprechen Sie beim Ausatmen den dritten Laut »Huuuu«.
- Atmen Sie tief ein, und sprechen Sie beim Ausatmen den vierten Laut »Sssss«.

- Atmen Sie tief ein, und sprechen Sie beim Ausatmen den fünften Laut »Hoooo«.

- Atmen Sie tief ein, und sprechen Sie beim Ausatmen den sechsten Laut »Hiiii«.

- Wiederholen Sie den gesamten Ablauf mindestens 3 Mal. Verweilen Sie noch einen Moment in der körperlichen und geistigen Stille, und spüren Sie nach.

»

Mitten in den abgelegenen Teebergen Sri Lankas stieg ein Mann in einer bescheidenen Unterkunft ab. Im kleinen Haus stand ein Vogelkäfig, in dem ein farbenprächtiger Papagei saß. Dieser bezaubernde Vogel war nicht nur schön, sondern konnte auch sprechen. Er wurde vom Gastgeber selbst trainiert. Der Papagei schrie unentwegt: »FREIHEIT, FREIHEIT, FREIHEIT!« Der Gast, der ein Meister der Zen-Meditation war, traute seinen Augen und seinen Ohren nicht und war sehr irritiert. Wie konnte man einen Vogel kaufen, ihn einsperren und ihm dann das Wort »Freiheit« beibringen? Wenn der Besitzer wirklich ein Mann von Ehre und Weisheit wäre, hätte er dem Papagei schon lange die Freiheit geschenkt. Dies beschäftige den Zen-Meister sehr.

In der Nacht konnte er der Versuchung einfach nicht widerstehen. Er stand leise auf, schlich behutsam nach draußen, öffnete sachte das Türchen am Käfig und sagte zum Papagei: »Jetzt ist die Tür zu deiner Freiheit offen. Flieg, Vogel, flieg. Der ganze Himmel gehört nun dir. Raus mit dir!« Der Papagei machte keine Anstalten, den offenen Käfig zu verlassen. Er

•••

hielt sich unermüdlich an den Stäben des Käfigs fest und schrie immer noch lautstark: »FREIHEIT, FREIHEIT, FREIHEIT!« Der Mann schüttelte den Kopf und sagte: »Ich verstehe das nicht. Das ist doch sehr komisch. Was ist denn mit dir los? Die Tür ist doch offen! Warum hältst du dich am Käfig fest?« Er schob ganz behutsam seine Hand in den Käfig und wollte den Papagei herausholen. Der bunte Vogel aber weigerte sich vehement und kämpfte gegen ihn an. Er kratzte und verletzte den engagierten Gast sogar an dessen Hand. Doch der Mann gab nicht auf. Beherzt nahm er den Papagei aus seinem Gefängnis heraus und warf ihn in den Himmel. Der Papagei flog in die Tiefe der Nacht davon. Zufrieden lächelte der Meister und ging glücklich zurück ins Bett. Er schlief ruhig und fest.

Als er jedoch am Morgen aufwachte, traute er seinen Ohren nicht. »FREIHEIT, FREIHEIT, FREIHEIT!«, tönte es von draußen in sein Zimmer. Er stand auf, ging ans Fenster und schaute hinaus. Was er sah, überraschte ihn von Neuem: Der Papagei saß wieder in seinem Käfig, die Tür stand noch immer offen!

»
Sehr oft besteht
ein großer
Unterschied
zwischen dem, was wir
glauben, und dem,was
TATSÄCHLICH
ist.
«

Mutig und unabhängig im Alltag – so GELINGT es

Zu einem gesunden, glücklichen und schönen Leben gehört auch ein ausgewogener und harmonischer Lebensstil. Die folgenden wichtigen Punkte haben einen großen Einfluss auf Ihr Wohlempfinden und Ihren Selbstwert. Überprüfen Sie, wie weit Sie diese Aspekte bereits in Ihren Alltag integrieren, und versuchen Sie, schrittweise alle Tipps zu berücksichtigen. Lassen Sie sich Zeit, und überfordern Sie sich nicht – aber bleiben Sie dran!

Von Ballast befreien

Gegenstände binden Energie. Möbelstücke, Kleider und auch jedes noch so kleine Wohnaccessoire benötigen Ihre Aufmerksamkeit und Ihre Pflege. Befreien Sie sich in regelmäßigen Abständen von Sachen, die Sie nicht mehr brauchen. Entrümpeln Sie mindestens 2 Mal im Jahr (im Frühling und im Herbst) Ihren gesamten Hausrat. Lassen Sie alles los, was Sie nicht mehr benötigen. Trennen Sie sich von allem, was Sie nicht wirklich glücklich und zufrieden macht. Halten Sie Ordnung, und machen Sie regelmäßig sauber. Äußere Ordnung schafft auch in Ihrem Inneren Ordnung.

Sorgsamer Umgang mit den sozialen Medien

Facebook, Twitter, Instagram, Youtube und Co. bergen ein großes Ablenkungs-, Sucht- und Zerstreuungspotenzial. Wählen Sie »Freunde«, mit denen Sie in Kontakt stehen, »Fan-Seiten«, die Ihnen Informationen zuspielen, und Plattformen, auf denen Sie aktiv sind, sorgfältig aus. Definieren Sie sich nicht über »Likes«, und betrachten Sie negative Kommentare mit dem nötigen Abstand und Humor. Halten Sie sich strikt an gewisse Zeitfenster, in denen Sie online präsent sind.

Achtsamer Umgang mit LED-Displays

Verzichten Sie ganz bewusst darauf, vor dem Schlafengehen zu lange auf einen LED-Bildschirm zu schauen. LED-Lichtquellen senden einen hohen Anteil an blauem Licht aus, das die Ausschüttung des Schlafhormons Melatonin blockiert. Schlafstörungen können die Folge sein. Ein regelmäßiger Schlaf-Wach-Rhythmus ist für einen gesunden, energievollen und starken Körper und einen wachen und freien Geist unerlässlich.

Kontrollierter Umgang mit Nachrichten

Achten Sie darauf, dass Sie Nachrichten nicht mehrmals täglich konsumieren. Seien Sie informiert, aber lassen Sie sich nicht unkontrolliert von den News überfluten. Deaktivieren Sie sogenannte Push-Nachrichten oder Live-Ticker. Wahren Sie Ihre persönliche Grenze, und entscheiden Sie selbstbestimmt, wann, wo und wie Sie was konsumieren möchten. Schützen Sie sich und Ihren Verstand!

Leben im Hier und Jetzt

Lenken Sie Ihre gesamte Wahrnehmung auf das, was Sie gerade tun. Schulen Sie Ihre Bewusstheit und Ihre Achtsamkeit für den Moment. Erledigen Sie immer nur eine Sache. Seien Sie dabei ganz präsent. Schenken Sie jedem Augenblick Ihre ungeteilte Aufmerksamkeit. Kommen Sie mit Ihren Gedanken immer wieder in die Gegenwart zurück.

Farbenspiel

Farben wirken auf Ihre Psyche. Die Farbe Grün steht für Gleichgewicht, Harmonie, Wachstum, Heilung, Barmherzigkeit, Großzügigkeit, Hoffnung, Gesundheit, Sicherheit. Tragen Sie diese Farbe zum Beispiel bei Angst-, Unruhe- und Spannungszuständen. Gelb steht für Licht, Optimismus und Freude und lindert Ängste und Depressionen. Tragen Sie Gelb, wenn Sie unter mangelnder Lebensfreude und fehlendem Selbstbewusstsein leiden. Die Farbe Braun vermittelt Ruhe, Geborgenheit und Sicherheit. Wählen Sie braune Kleidung, wenn Sie sich nach Standfestigkeit, Verwurzelung und Vertrauen sehnen. Die Farbe Gold hilft gegen Angst, Unsicherheit und Gleichgültigkeit. Sie schenkt Ihnen Kraft und Inspiration. Die Farben Magenta, Pink und Rosa stehen für Freude, Sicherheit und Freiheit. Magenta gilt als Schutzfarbe und wird als Erste Hilfe bei körperlichen und seelischen Schocks eingesetzt. Meist genügt es, wenn Sie sich für ein buntes Kleidungsstück entscheiden, z. B. einen gelben Schal, eine grüne Jacke, eine braune Hose oder ein magentafarbenes T-Shirt.

Genügend Raum und Zeit für die eigenen Bedürfnisse

Zum Leben gehören auch unbedingt Phasen des Nichtstuns, der Langeweile und des reinen Seins. Achten Sie auf ein ausgewogenes Verhältnis von körperlicher Aktivität und Entspannung. Vernachlässigen Sie dabei auch Ihre geistige Hygiene und Ihre spirituelle Entwicklung nicht. Meditieren Sie, machen Sie regelmäßig Atemübungen, oder lesen Sie inspirierende Bücher.

Kontakt und Austausch mit positiven Menschen

Versuchen Sie, sich in regelmäßigen Abständen mit Menschen zu treffen, die einen positiven, förderlichen, guten und heilsamen Einfluss auf Sie haben. Damit meine ich Bekannte und Freunde, die ehrlich zu Ihnen sind, die Sie unterstützen, Sie motivieren und Ihnen helfen, die Sie aber auch kritisch hinterfragen und mit Ihnen wertfrei reflektieren. Vermeiden Sie den Kontakt mit Nörglern, Pessimisten, »Angsthasen«, Unterlassern und Miesepetern. Beenden Sie generell soziale Kontakte, die Ihnen schaden und die Ihnen Energie rauben.

Sprache sinnvoll nutzen

Nutzen Sie Ihre Sprache, um sich positiv zu programmieren. Vermeiden Sie wann immer möglich den Konjunktiv, also die Möglichkeitsform, z. B. »hätte, könnte, sollte, würde …«. Achten Sie auch auf folgende destruktive Sätze: »wenn …, dann …«, »ich wünschte …«, »eigentlich …«, »aber …«, »man …«. Wählen Sie stattdessen klare Aussagen wie: »ich kann …«, »ich bin bereit …«, »ich traue mir das zu …«, »ich gebe mein Bestes …«, »ich lerne …«, »ich erlaube mir«, »sowohl … als auch«.

Aufenthalt im Freien

Suchen Sie den Kontakt mit der Natur. Gehen Sie im Wald spazieren, oder laufen Sie barfuß durch das taufrische Gras oder über Kieselsteine. Wühlen Sie in der Erde. Wandern Sie in den Bergen, oder schwimmen Sie im See. Fahren Sie Rad, oder legen Sie sich für ein paar Minuten in die Sonne. Tanken Sie frische Energie. Atmen Sie mehrmals täglich im Freien oder am geöffneten Fenster tief ein und aus!

Dankbar sein

Erfreuen Sie sich auch an kleinen Dingen. Seien Sie dankbar für das, was Sie bereits besitzen. Lenken Sie Ihre Aufmerksamkeit nicht auf das, was Ihnen vermeintlich noch alles fehlt. Öffnen Sie Ihre Augen und Ihr Herz für das Schöne, das Gute und das Positive. Schenken Sie sich selbst und Ihren Mitmenschen mehrmals am Tag ein Lächeln. Ein chinesisches Sprichwort besagt, dass ein Lächeln die größte und stärkste Energiequelle ist. Und das Beste ist, dass es Sie nichts kostet!

»
Vertrauen
ist eine innere Einstellung.
Übernimm Verantwortung,
dann bist du wirklich
FREI.
«

»

Im Wudang-Gebirge lebte eine kleine Gruppe von tüchtigen Nonnen im Zen-Kloster. Alle Frauen praktizierten voller Ehrfurcht und mit großem Eifer die Lehre Buddhas. Eines Morgens bat eine Novizin die Meisterin um ein Gespräch. Sie verstand eine Lehrrede nicht und wollte nun Klarheit schaffen. Voller Wissensdurst stellte sie der Lehrerin ihre Frage. Ohne diese zu beantworten, fing die alte Meisterin an, herzhaft zu lachen. Sie verließ den Raum, und man konnte ihr Lachen noch lange hören.

Verwirrt nahm die junge Frau ihre Verrichtungen wieder auf. Sie fand keine Ruhe, fühlte sich unsicher und war zutiefst verwirrt. Sie sprach zu sich selbst: »Wie konnte mich meine Meisterin einfach so stehen lassen und mich dazu noch auslachen. Ich nehme den Zen-Weg wirklich sehr ernst, so etwas habe ich nun wirklich nicht verdient!«
Sie konnte die ganze Nacht nicht schlafen und

•••

ersuchte die Meisterin am nächsten Tag erneut um eine Audienz. Sie erzählte ihr, wie traurig, durcheinander und enttäuscht sie sei.

Die Meisterin sagte streng: »Dein Problem ist, dass du geringer als jeder Hofnarr im ganzen Land bist!« Empört nahm die Novizin diese Aussage zur Kenntnis und gab zur Antwort: »Wie kann das sein? Ich kann doch nicht weniger Wert haben als ein Hofnarr!« Die alte Lehrerin lächelte nun mitfühlend und ergänzte: »Jeder Hofnarr freut sich darüber, wenn ein Mensch lacht. Aber was machst du? Du grübelst, bist verwirrt und betrübt, weil ich gelacht habe! Du bist geringer als ein Hofnarr, oder etwa nicht?« Die weisen Worte der Meisterin trafen die junge Frau mitten ins Herz. Ihr Geist war augenblicklich erleuchtet.

Habe den Mut, neue
Erfahrungen
zu machen. Auch du
hast das Recht darauf,
GLÜCKLICH
zu sein.

Soul Food – Rezepte für Ihr SELBST-VERTRAUEN

Auch die Ernährung beeinflusst unseren Gemütszustand. Gewisse Nahrungs- und Lebensmittel nähren und begünstigen Angstzustände, andere wiederum hemmen sie und können sogar Glücksgefühle auslösen. Doch wer Angst hat oder unter Angststörungen leidet, der hat oft auch keinen Appetit – und wenn, dann auf die falschen bzw. auf ungünstige Nahrungsmittel. Dabei würde gerade die richtige Auswahl von Lebensmitteln einen entscheidenden Beitrag zu seinem körperlichen und geistigen Wohlbefinden leisten. Sie sollten also auch Ihren Körper täglich ausreichend mit Nähr- und Mineralstoffen versorgen. Lassen Sie am besten einmal Ihre Blutwerte von einem Arzt untersuchen. Auch das lohnt sich. Nicht selten ist ein Nährstoffmangel Auslöser diverser Ängste und kann über die Ernährung oder eine kurzfristigen Einnahme von Zusatzprodukten (z. B. Vitamin- und Mineralstoffpräparaten) behoben werden.

Wenn Sie unter Angstzuständen leiden, **MEIDEN ODER REDUZIEREN** Sie folgende Nahrungsmittel:

- raffinierte Kohlenhydrate (z. B. Weißmehl, weißer Zucker)
- Alkohol
- Energydrinks
- Kaffee
- Schokolade
- tierische Produkte (Fisch, Fleisch, Eier, Milchprodukte)

VERMEIDEN Sie zudem:

- Fast Food und Mikrowellengerichte
- frittiertes oder aufgewärmtes Essen
- kohlensäurehaltige Getränke
- Essen im Stehen oder im Gehen
- während des Essen zu lesen, fernzusehen, zu telefonieren oder zu arbeiten
- bei Stress, Ärger oder Wut zu essen
- unregelmäßig, zu viel und zu schnell zu essen
- spät am Abend zu essen
- zu essen, wenn Sie keinen Hunger haben
- bei Frust, Unzufriedenheit oder Kummer zu essen

BEVORZUGEN Sie folgende Lebensmittel:

- stilles Mineralwasser
- grünen Tee
- Kräutertees
- komplexe Kohlenhydrate (z. B. Süßkartoffeln, Linsen, Vollkornreis)
- frisches Gemüse und Salate
- Früchte
- Nüsse
- frische Kräuter und Gewürze
- kalt gepresste Öle
- Sprossen und Samen
- grundsätzlich biologische, frische, saisonale und vollwertige Produkte

Achten Sie:

- auf eine ausgewogene Ernährung
- darauf, dass Sie genug Wasser trinken
- auf regelmäßige Essenszeiten
- auf eine harmonische, schöne und ruhige Atmosphäre während des Essens
- auf eine friedliche, wohlwollende mentale, geistige Stimmung
- darauf, dass Sie sich genügend Zeit beim Essen lassen
- darauf, dass Sie sich hinsetzen und jeden Bissen bewusst wahrnehmen und genießen
- darauf, dass Sie nur essen, wenn Sie wirklich Hunger haben

Mit den folgenden ganz einfachen Rezepten möchte ich Ihnen zeigen, wie abwechslungsreich und lecker eine frische Küche sein kann, die Sie körperlich und geistig stärkt und Ihnen Energie schenkt. Die Zutaten fördern Ihr Wohlbefinden, Ihre innere Ruhe und Ihre Gelassenheit. Ich wünsche Ihnen viel Freude beim Kochen und Essen.

»

Leben
heißt Risiken eingehen,
denn nur der, der etwas wagt,
ist wirklich **FREI.**

«

Zutaten

FÜR 2 PERSONEN

- 300 ml Buchweizendrink (oder Reisdrink)
- 1 Apfel
- 6 EL feine Haferflocken
- 1 kleine Handvoll Haselnüsse
- 1 EL Braunhirseflocken
- 1 TL Sesamsamen
- 1 Prise Meersalz
- je 1 Msp. Bourbonvanille und Zimt
- etwas Ahornsirup

Hafer-Braunhirse-Müsli

Apfel fein reiben. Hafer- und Braunhirseflocken sowie Sesamsamen mit Buchweizendrink, Salz, Zimt und Bourbonvanille in einer Pfanne aufkochen lassen. Müsli vom Herd nehmen, den Apfel unterrühren und mit Ahornsirup abschmecken. Das Müsli in eine Schüssel geben und mit Haselnüssen garnieren.

Chicorée-Orangen-Salat mit Senfdressing

Chicorée halbieren und in feine Streifen schneiden. Orange schälen, filetieren und Filets in kleine Stücke schneiden. Alle Zutaten für das Dressing in einer Schüssel mit einem Schneebesen gut verrühren. Orangenstücke, Chicoréestreifen und Walnüsse unterrühren. Salat mit Salz und Pfeffer abschmecken und sofort servieren.

Zutaten

FÜR 2 PERSONEN

Für den Salat:

- 2–3 Chicorée
- 1 Orange
- 1 Handvoll geröstete Walnüsse

Für das Dressing:

- 50 ml Olivenöl
- 20 ml Balsamicoessig
- je 2 TL Löwenzahnhonig (oder Agavendicksaft) und Senf
- etwas Meersalz und Pfeffer aus der Mühle zum Abschmecken

Oliven-Dinkelbrot

Zutaten

FÜR EINE KASTENFORM (25 CM LANG)

- 500 g Weizenmehl (Typ 550)
- 400 ml Olivenöl
- 300 ml warmes Wasser
- 100 g schwarze und grüne Oliven
- 2 EL Sonnenblumenkerne
- 2 TL Meersalz
- 1 Packung Trockenhefe

Oliven entsteinen und klein hacken. In einer großen Schüssel Mehl, Trockenhefe, Sonnenblumenkerne und Meersalz vermischen und gehackte Oliven unterheben. Warmes Wasser und Olivenöl dazugeben und alles zu einem Teig verrühren. Teig zugedeckt ca. 60 Minuten an einem warmen Ort ruhen lassen. Er sollte dann um das Doppelte aufgehen. Teig in eine eingefettete Kastenform einfüllen und nochmals etwa 30 Minuten ruhen lassen. Backofen auf 240°C (Ober- und Unterhitze) vorheizen und das Brot auf der mittleren Schiene 40–45 Minuten backen. Während des Backens einmal etwas Wasser in den Ofen sprühen (2–3 Sprühstöße). Dadurch erhält das Brot eine schöne knusprige Kruste.

Kresse-Kokos-Suppe mit Ingwernote

Kartoffel schälen und in Würfel schneiden. Zwiebel, Knoblauch und Ingwer fein hacken. Öl in einem Topf erhitzen und Zwiebel, Knoblauch und Ingwer darin andünsten. Kartoffelwürfel dazugeben und mit Gemüsebrühe ablöschen. Kartoffeln bei mittlerer Hitze gar kochen. Topf vom Herd nehmen, Kresse und Kokosmilch dazugeben und Suppe mit einem Stabmixer pürieren. Mit etwas Pfeffer abschmecken.

Zutaten

FÜR 2 PERSONEN
(ETWA 700 ML)

- 500 ml Gemüsebrühe
- je 1 große Kartoffel, Zwiebel und Knoblauchzehe
- 50 g Kresse
- je 2 EL Kokosmilch und Olivenöl
- 1 Stück Ingwer (ca. 1 cm groß)
- etwas Pfeffer aus der Mühle

Zutaten

FÜR 2 PERSONEN

- 300–500 ml Tamari
- 300 g gekochter Vollkornreis
- je 1 Lauchstange, Karotte, kleine Paprika und Knoblauchzehe
- 4 Blätter Chinakohl
- je 1 Handvoll Sojasprossen und ungesalzene Erdnüsse
- 4 EL Sonnenblumenöl
- 1 Stück Ingwer (ca. 1 cm groß)
- etwas Sesamöl zum Beträufeln
- etwas Pfeffer aus der Mühle zum Abschmecken

Asiatische Gemüse-Reis-Pfanne

Lauch in Scheiben schneiden. Karotte in feine Streifen und Chinakohl in grobe Streifen schneiden. Paprika fein würfeln. Knoblauchzehe pressen. Ingwer reiben. Sonnenblumenöl in einer Pfanne erhitzen und Knoblauch darin leicht anrösten. Gemüse (außer die Sojasprossen) dazugeben und alles 2–3 Minuten anbraten. Ingwer und Tamari hinzufügen, alles gut vermischen und kurz ziehen lassen. Reis dazugeben, verrühren und die Gemüsepfanne mit Pfeffer abschmecken. Zum Schluss Sojasprossen unterheben. Gemüse-Reis-Pfanne auf Tellern anrichten, mit Sesamöl beträufeln und mit Erdnüssen garnieren.

Mediterrane Bratsüßkartoffeln

Süßkartoffel kochen, schälen und in Scheiben schneiden. Zwiebel fein hacken. Getrocknete Tomaten in feine Streifen schneiden. Basilikum und Oregano grob hacken. Öl in einer Pfanne erhitzen und Zwiebeln darin anrösten. Tomatenmark dazugeben, alles gut umrühren und ca. 2 Minuten anbraten lassen. Dann Süßkartoffeln darin so lange anbraten, bis eine leichte Kruste entsteht. Alles regelmäßig umrühren. Tomaten und die Pinienkerne dazugeben und Bratkartoffeln mit Salz und Pfeffer abschmecken. Als Letztes Basilikum und Oregano untermischen.

Zutaten

FÜR 2 PERSONEN

- 400 g Süßkartoffeln
- 1 große Zwiebel
- 4 EL Olivenöl
- 3 EL Tomatenmark
- 30 g getrocknete Tomaten
- 2 EL Pinienkerne
- je 1 kleine Handvoll Basilikum- und Oreganoblätter
- etwas Meersalz und Pfeffer aus der Mühle zum Abschmecken

Zutaten

FÜR EIN RUNDES KUCHENBLECH (28 CM DURCHMESSER)

für den Teig

- 200 g dunkles Dinkelmehl (Typ 1050)
- 100 ml Wasser
- 75 g kalte pflanzliche Margarine
- ½ TL Meersalz

für den Belag

- 200–300 g Früchte, z. B. Zwetschgen, Äpfel, Aprikosen, oder auch Rhabarber
- 100 g gemahlene Mandeln oder Haselnüsse

für den Guss

- je 150 ml Soja Cuisine und Haferdrink
- 4 EL Sojajoghurt
- 2 EL Maisstärke
- 1 EL Vollrohrohrzucker
- 1 Prise Meersalz
- 1 Msp. Bourbonvanille

Früchtewähe

Mehl und Salz vermischen. Margarine in kleine Stücke teilen, dazugeben und alles zwischen den Händen verreiben, bis sich Brösel bilden. Wasser dazugeben, den Teig glatt rühren und ca. 30 Minuten kühl stellen. Teig nicht kneten. Danach direkt auf einem Backpapier ausrollen und ins Kuchenblech legen. Teig mit einer Gabel gleichmäßig einstechen. Gemahlene Mandeln oder Haselnüsse darauf verteilen. Früchte in kleine Stücke schneiden und den Teig mit den Früchten belegen. Alle Zutaten für den Guss in einem hohen Behälter gut verrühren. Guss gleichmäßig über den Früchten verteilen. Wähe im vorgeheizten Ofen bei 220°C (Umluft) auf der mittleren Schiene etwa 25 Minuten backen.

Nussschnecken

Blätterteig auf der Arbeitsfläche ausbreiten. Den Ofen auf 220°C (Umluft) vorheizen. Alle Zutaten für die Füllung in einer Schüssel zu einer kompakten und streichfähigen Masse verrühren. Füllung auf dem Blätterteig verteilen und mit der Rückseite eines Löffels glatt streichen. Den Teig von der kürzeren Seite her zu einer langen Stange aufrollen. Davon 1–1,5 cm dicke Stücke abschneiden, sodass es 16 Schnecken ergibt. Diese auf ein mit Backpapier belegtes Blech legen und auf der mittleren Schiene ca. 15 Minuten goldbraun backen. Danach etwa 10 Minuten auskühlen lassen. Puderzucker, Agavendicksaft und Zitronensaft gut vermischen und die lauwarmen Schnecken mit dem Guss einpinseln. Nach dem Auskühlen am besten sofort genießen!

Zutaten

FÜR ETWA 16 STÜCK

für den Teig

- 1 Dinkel-Vollkorn-Blätterteig (ca. 42x26 cm)

für die Füllung

- je 100 g gemahlene Mandeln und weißes Mandelmus
- je 1 EL Zitronensaft und Wasser
- 3 TL Vollrohrohrzucker
- 1/3 TL Bourbonvanille
- 1 Prise Meersalz

Für den Guss

- 2 EL Agavendicksaft
- 2 TL Puderzucker aus Vollrohrohrzucker
- 1 Spritzer Zitronensaft

Zutaten

FÜR 1 PERSON
(ETWA 300 ML)

- 300 ml Wasser
- 2 Stangen Zitronengras (etwa 15 g)
- 4 kleine Thymianzweige (etwa 1 g)

Zitronengras-Thymian-Tee

Wasser aufkochen. Zitronengras und Thymian in eine Tasse geben und mit dem heißen Wasser übergießen. Tee 5–10 Minuten ziehen lassen.

Zutaten

FÜR 2 PERSONEN
(ETWA 500 ML)

- 200 ml Wasser
- 120 g Fenchel
- 100 g Spinat
- 1 Apfel
- je 1 EL Ahornsirup und Limetten- oder Zitronensaft
- 1 Msp. Kurkuma

Fenchel-Apfel-Smoothie

Alle Zutaten in einen Mixer geben und pürieren. Smoothie sofort genießen.

Lavendel-Melisse-Tee

Wasser aufkochen. Lavendel und Melisse in eine Tasse geben und mit dem heißen Wasser übergießen. Tee 5–10 Minuten ziehen lassen, danach die Kräuter abseihen.

Zutaten

FÜR 1 PERSON (ETWA 200 ML)

- 200 ml Wasser
- je 1 EL getrocknete Lavendelblüten* und Melisseblätter*

*Beides ist in der Apotheke oder in größeren Reformhäusern erhältlich.

Cashew-Curry-Snack

Cashewkerne in einer Pfanne ohne Öl leicht anrösten, dann in eine Schüssel geben. Agavendicksaft, Curry und Salz in der Pfanne leicht anrösten, bis es angenehm duftet. Achtung: Nicht zu heiß werden lassen oder zu lange rösten, sonst wird die Gewürzmischung bitter. Heiße Gewürzmischung über die noch warmen Cashewkerne geben, alles gut verrühren und auskühlen lassen.

Zutaten

FÜR 100 G

- 100 g Cashewkerne
- 1 EL Agavendicksaft
- 1 TL Currypulver
- 1/4 TL Meersalz

»
Denke,
fühle und handle
nicht für andere.
Akzeptiere ganz einfach die
Tatsache, dass du es nie
ALLEN
recht machen kannst.
«

Ein Gedanke zum SCHLUSS

Eine Frau wollte von ihrer Meisterin wissen: »Was ist das Geheimnis eines zufriedenen und erfolgreichen Lebens?« Die weise Dame antwortete: »Versuche, jeden Tag einen Menschen glücklich zu machen.« Sie hielt einen Moment inne und ergänzte: »Dieser Mensch kannst auch du selbst sein.« Sie schwieg, lächelte und fügte hinzu: »Gerade, wenn du dieser Mensch selbst bist!«

Es braucht Urvertrauen, um sich dem Leben zu stellen. Und es braucht Mut, sich zu erlauben, glücklich zu sein! Neben dem Gefühl der Angst, das Sie warnt und schützt, nehmen Sie aber auch Empfindungen wie Freude, Liebe, Zuversicht und Hoffnung wahr. All diese wunderbaren Emotionen tragen Sie in sich. Sie entscheiden sich jeden Tag, jede Stunde, jede Minute, ja, sogar jede Sekunde immer wieder von Neuem, wie Sie sich fühlen möchten. Erkennen Sie, dass Sie die Macht über Ihre Gefühle haben. Erinnern Sie sich stets daran: Sie handeln so, wie Sie fühlen, und Sie fühlen so, wie Sie denken!

Seien Sie stark in Ihren Gefühlen, aber lassen Sie sich nicht von ihnen leiten. Niemand – auch Sie nicht – ist seinen Gefühlen schutzlos ausgeliefert. Sie allein bestimmen, was ein Gedanke, ein Wort oder ein Erlebnis mit Ihnen macht. Sie können ein negatives Gefühl nähren oder es verhungern lassen. Machen Sie von dieser großartigen Selbstverantwortung Gebrauch, und erlauben Sie sich, furchtlos, glücklich und zufrieden zu sein. Sie tragen wirklich alles, was Sie dafür brauchen, bereits in sich selbst!

Ich wünsche Ihnen von ganzem Herzen Kraft, Mut und Vertrauen, damit Sie Ihr einzigartiges Leben in Offenheit, Fülle und Zufriedenheit leben. Machen Sie sich selbst glücklich – jeden Tag!

Buddha sagte treffend:
»Wir sind, was wir denken.
Alles, was wir sind, entsteht aus unseren Gedanken.
Mit unseren Gedanken formen wir die Welt.«

Ich sage Ihnen:
»Angst beginnt im Kopf – Mut auch!«

Herzlichst Ihre
Sandy Taikyu Kuhn Shimu

Gelassenheit ist die höchste Form des Selbstbewusstseins. Sie ist der Ausdruck innerer **ZUFRIEDENHEIT.**

Worte des DANKES

An dieser Stelle möchte ich mich ganz herzlich bei Heidi und Markus Schirner bedanken. Sie schenken mir immer wieder voller Vertrauen den Freiraum, den ich brauche, um mich kreativ entfalten und ausdrücken zu können. Meiner Lektorin Katja Hiller gebührt ebenfalls ein großes Dankeschön. Seit vielen Jahren begleitet sie mich mit ganz viel Hingabe und großer Kompetenz auf meinem Autorenweg. Lieben Dank an Simone Fleck. Sie hat mit ihrem Flair meine Texte wieder wunderbar grafisch in Szene gesetzt. Herzlichen Dank an meinen geliebten Mann Fredy, der mich auf meinem Weg bedingungslos von Herz-Geist zu Herz-Geist unterstützt.

Zur Autorin

Sandy Taikyu Kuhn Shimu, geboren und aufgewachsen in Zürich, ist eine Schweizer Schriftstellerin, Zen-Meisterin, psychologisch-spirituelle Beraterin und Lehrerin für asiatische Lebens- und Bewegungskünste. Sie schreibt und unterrichtet im In- und Ausland und lebt und arbeitet nach dem von ihr entwickelten WULIN-Prinzip.

www.taikyu.ch
www.t-coaching.ch
www.wulin.ch
www.wulinprinzip.ch

Weitere Titel DER AUTORIN

erschienen im Schirner Verlag

Was die Energie zum Fließen bringt
Der kleine Energieratgeber für jeden Tag
978-3-8434-5069-0

Kleine Energiequellen für jeden Tag
978-3-8434-5083-6

Vegan zum Glück
10 gute Gründe für eine rein pflanzliche Ernährungsweise
978-3-8434-5129-1

Stark aus der inneren Mitte
Frühstücken im Zen-Geist
978-3-8434-5084-3

einfach gelassen
Einfache Übungen für innere Ruhe und Kraft
978-3-8434-1235-3

Retreat@home
Sinnvolle Auszeit für zu Hause
978-3-8434-1234-6

Buddha im Gepäck
Der kleine Reiseführer zum Glück
978-3-8434-1207-0

Was wirklich glücklich macht
Der kleine Glücksratgeber für jeden Tag
978-3-8434-1290-2

Erleuchtung zum Frühstück
Nimm dir Zeit zum Leben –
Achtsamkeit im Alltag
978-3-8434-1078-6

Erleuchtung zum Frühstück
Zen im Alltag
(Kartenset)
978-3-8434-9029-0

Schirner Verlag

Im Jetzt!
Das Wunder der Gegenwart

SEI DU SELBST,
&
LEBE DEINE GANZE KRAFT

Im Schatten der Kiefer
Inspirierende ZEN-GESCHICHTEN für Körper & Geist

DAS TAO DER WORTE
Zen-Geschichten, die das Herz und den Geist bewegen

Bildnachweis

Bilder von der Bilddatenbank Shutterstock (www.shutterstock.com):

Schmuckelement Kreis: # 188233268 (© chocoma87)

S. 1 # 210187381 (© wow.subtropica), S. 9 # 565078303 (© KinokoTagawa), S. 10 # 321921797 (© Jaromir Chalabala), S. 15 # 533344360 (© KinokoTagawa), S. 17, 109, 112 # 564466369 (© KinokoTagawa), S. 17 # 564455482 (© KinokoTagawa), S. 18 # 235328089 (© KonstantinChristian), S. 21, 23, 24 # 412568428 (© Nikolaeva), S. 24, 28 # 533344324 (© KinokoTagawa), S. 26 # 530315329 (© 530315329), S. 31 # 151363640 (© Dasha Petrenko), S. 37 # 523834708 (© ZephyrMedia), S. 47 # 357486716 (© BABAROGA), S. 53 - 58 # 555288886 (© MAGNIFIER), S. 59–64 # 133976729 (© Iakov Kalinin), S. 65-70 # 577672450 (© Allen Paul Photography), S. 71 # 139560038 (© Liudmila Kotvitckaia), S. 72–77 # 274312364 (© Rainprel), S. 78 # 540156370 (© KinokoTagawa), S. 80 # 598791275 (© WAYHOME studio), # 534134875 (© andriano.c), S. 81 # 2878605 (© Martin Allinger), # 304132586 (© Robert Kneschke), # 655607368 (© pathdoc), S. 82 # 202629469 (© shipfactory), # 589386839 (© KinokoTagawa), S. 83 # 116734939 (© altanaka), # 598575857 (© lzf), S. 84 # 462163516 (© EtoileArk), S. 85 # 488955247, # 524346427 (© DR Travel Photo and Video), S. 86 # 469246907 (© DR Travel Photo and Video), S. 87 # 624832211 (© Elena Schweitzer), S. 88 # 156359822 (© Antonio Guillem), S. 89 # 219084940 (© DR Travel Photo and Video), # 374932717 (© Pieter-Pieter), S. 90 # 519480580 (© Paraksa), S. 91 # 466142846 (© schab), S. 92 # 276464039 (© Luna Vandoorne), S. 93 # 262003184 (© Luna Vandoorne), S. 94 # 500853847 (© vasant), S. 96 # 220529875 (© ArtOfPhotos), S. 100 # 596048468 (© FelipeFloresD), S. 102 # 588975182 (© YUTTANA HONGTANSAWA), S. 104 # 115988266 (© goodluz), S. 105 # 492562768 (© Rido), S. 106 # 103015148 (© HTeam), S. 107 # 665626567 (© Ditty_about_summer), S. 109 # 553306108 (© KinokoTagaw), S. 110 # 547456798 (© kovop58), S. 113 # 166507301 (© iravgustin), # 519988807 (© Foxys Forest Manufacture), # 355672364 (© Dionisvera), # 509904520 (© 509904520), # 381864433 (© Dani Vincek), # 260282993 (© successo images), S. 114 # 564466396 (© KinokoTagaw), S. 115 # 69170149 (© Dudarev Mikhail), S. 116 # 348317252 (© ratuszynski photography), S. 117 # 95629228 (© Simone Voigt), S. 118 # 93095800 (© Laura Adamache), S. 119 # 601803824 (© stu120), S. 120 # 342658736 (© Tomophafan), S. 121 # 628096889 (© tag2016), S. 122 # 100029857 (© Waltraud Oe), S. 123 # 87781438 (© Viktor1), S. 124 # 387960091 (© Elena Schweitzer), S. 125 # 209736100 (© tiverylucky), S. 126 # 173658173 (© Dirima), S. 129 # 659965195 (© Mikiko)